T0179519

clave

Robin Sharma es respetado mundialmente por su labor humanitaria y está considerado uno de los mayores expertos en liderazgo y crecimiento personal. Entre sus clientes se encuentran millonarios famosos, estrellas del deporte y muchas de las empresas incluidas en la lista Fortune 100. Es autor de los best sellers *El monje que vendió su Ferrari*, *Éxito: una guía extraordinaria*, *El líder que no tenía cargo*, *Triunfo*, *Lecciones sobre la vida del monje que vendió su Ferrari*, *Sabiduría cotidiana del monje que vendió su Ferrari*, *Una inspiración para cada día de El monje que vendió su Ferrari*, *Las cartas secretas del monje que vendió su Ferrari*, *Descubre tu destino con el monje que vendió su Ferrari*, *Las 8 claves del liderazgo del monje que vendió su Ferrari*, *Audaz, productivo y feliz*, *El Club de las 5 de la mañana* y *Manifiesto para los héroes de cada día*, traducidos a más de noventa y dos idiomas, lo que lo convierte en uno de los escritores vivos más leídos.

Para recibir noticias sobre sus enseñanzas, charlas, publicaciones y talleres, regístrate en:
www.robinsharma.com

También puedes seguir a Robin Sharma en Facebook y Twitter:
🔲 Robin Sharma
🔲 @RobinSharma

ROBIN SHARMA

Las cartas secretas del monje que vendió su Ferrari

Traducción de
Verónica Canales Medina

DEBOLSILLO

Papel certificado por el Forest Stewardship Council®

MIXTO
Papel procedente de
fuentes responsables
FSC
www.fsc.org
FSC® C117695

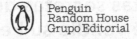

Penguin
Random House
Grupo Editorial

Título original: *The Secret Letters of the Monk Who Sold His Ferrari*

Cuarta edición en Debolsillo: marzo de 2015
Décima reimpresión: septiembre de 2023

2011, Robin Sharma
Publicado por acuerdo con HarperCollins Publishers, Ltd (Canadá).
© 2012, Penguin Random House Grupo Editorial, S. A. U.
Travessera de Gràcia, 47-49. 08021 Barcelona
© 2012, Verónica Canales Medina, por la traducción
Diseño de la cubierta: Penguin Random House Grupo Editorial

Printed in Spain – Impreso en España

ISBN: 978-84-9032-127-0
Depósito legal: B-28.659-2012

Compuesto en Anglofort, S. A.

Impreso en ServicePoint F. M. I., S. A.

P 3 2 1 2 7 E

Ve hasta donde te alcance la vista. Cuando llegues, serás capaz de ver más allá.

Thomas Carlyle

Prólogo

*Mi silencioso guía caminaba con rapidez por delante de mí,
como si a él también le disgustase estar ahí abajo. El túnel
era húmedo y la iluminación muy tenue. Los huesos de seis
millones de parisinos estaban sepultados en ese lugar...*

*De pronto, el chico se detuvo en la entrada de un nuevo
túnel. Estaba separado del que habíamos recorrido hasta allí
por una verja de hierro oxidado. El túnel estaba oscuro. Mi
guía desplazó la verja hacia un lado y se adentró en la oscuridad. Se detuvo y se volvió para mirarme, y así asegurarse de
que estaba siguiéndolo. Abandoné con inseguridad la tenue
luz mientras la espalda del chico desaparecía ante mis ojos.
Di un par de pasos más. Entonces tropecé con algo. El traqueteo de algún objeto de madera retumbó por todo el espacio; me quedé inmóvil. En ese instante, me envolvió una luz.
Mi joven guía había encendido su linterna. De pronto deseé
que no lo hubiera hecho. La osamenta ya no estaba dispuesta
en truculento orden. Había huesos por todas partes: desparramados por el suelo, a nuestros pies, cayendo en cascada
de pilas apoyadas contra la pared que se habían desmontado.*

El haz de la linterna hacía visibles las nubes de polvo y los entramados de telas de araña que colgaban del techo.

—Ça c'est pour vous —dijo mi guía. Me entregó la linterna. Cuando la cogí, pasó a toda prisa junto a mí.

—¿Cómo...? —exclamé.

Antes de poder acabar la pregunta, el chico espetó:

—Il vous rencontrera ici.

Desapareció y me dejó solo, a quince metros bajo tierra; era un ser humano solitario perdido en un mar de muertos.

Capítulo 1

Fue de esos días que uno desearía que hubiera acabado incluso antes de haber vivido sus primeros diez minutos. Todo empezó cuando abrí los ojos de golpe y noté que la luz del sol que se colaba a través de las persianas de mi cuarto era demasiado intensa. Me refiero a esa intensidad luminosa más característica de las ocho de la mañana que de las siete. El despertador no había sonado. Tras caer en la cuenta, empezaron veinte minutos de blasfemias motivadas por el pánico, y de gritos y lloros (estos, por cuenta de mi hijo de seis años) mientras yo recorría la casa escopeteado —del baño a la cocina y, de ahí, a la puerta de entrada—, intentando reunir toda la batería de ridículos objetos que Adam y yo necesitábamos para el resto de nuestra jornada. Cuando aparqué en la puerta del colegio cuarenta y cinco minutos después, Adam me lanzó una mirada de reproche.

—Dice mamá que si sigues trayéndome tarde a la escuela los lunes por la mañana, ya no podré seguir quedándome a dormir en tu casa los domingos.

¡Oh, Dios!

—Es la última vez —afirmé—. La última, te lo prometo.

Adam estaba bajándose del coche y tenía cara como de querer preguntarme algo.

—Toma —le dije, y le pasé una bolsa de plástico—. No olvides el almuerzo.

—Quédatelo —respondió Adam sin tan siquiera mirarme a la cara—. No puedo llevar sándwiches de mantequilla de cacahuete al cole.

Dio media vuelta y atravesó corriendo el patio desierto del colegio. «Pobre crío —pensé mientras observaba el movimiento de sus piernecitas a todo correr para llegar a la puerta—. No hay nada peor que llegar tarde al colegio; cuando ya todos están en clase y el himno nacional suena a un volumen ensordecedor por los pasillos. Y encima sin merienda.»

Tiré la bolsa de plástico al asiento de al lado y suspiré. ¡Otro fin de semana de custodia con final decepcionante! Había fracasado estrepitosamente como marido. Y ahora, al parecer, iba a fracasar con el mismo estrépito como padre separado. Desde el momento en que recogía a Adam era capaz de defraudarlo de mil maneras. Pese al hecho de que, durante la semana, la ausencia de Adam me dolía como un miembro amputado, llegaba tarde a recogerlo todos los viernes sin excepción. La promesa del momento especial de pizza y una película quedaba rota por el bocadillo de atún que Annisha tenía que dar a Adam cuando había llegado la hora de cenar y yo no me había presentado. Y luego estaba lo de mi teléfono, que sonaba de forma incesante, como si sufriera un ataque grave de hipo. Sonaba durante la película, y cuando estaba arropando a Adam. Sonaba durante el desayuno de crepes ligeramente quemadas y mientras paseábamos por el parque. Sonaba mientras comprábamos hamburguesas para llevar, y durante todo el rato en que le contaba el cuento. Por supuesto que el timbre del teléfono no era el verdadero problema. El verdadero problema era que yo no paraba de responder. Consultaba los mensajes; enviaba respuestas; hablaba por teléfono. Y, con cada interrupción, Adam se quedaba cada vez más callado, se mostraba un poco más distante. Me partía el corazón, pero, aun así, la idea de no contestar al móvil, de apagarlo, hacía que me sudaran las palmas de las manos.

Mientras me dirigía al trabajo a toda velocidad, le daba vueltas al fin de semana estropeado que había pasado con Adam. Cuando Annisha había anunciado que quería la separación legal, fue como si un camión me hubiera arrollado. Llevaba años quejándose de que no pasaba tiempo ni con ella ni con Adam; de que estaba demasiado obsesionado con el trabajo, demasiado ocupado con mi propia vida como para formar parte de la de ellos.

—Pero —le reproché— ¿cómo va a arreglarse eso dejándome? Si quieres verme más, ¿por qué estás proponiendo verme menos?

Al fin y al cabo, ella había dicho que todavía me amaba. Me dijo que quería que tuviera una buena relación con mi hijo.

Sin embargo, cuando por fin me mudé a mi propio piso,

me sentía apaleado y amargado. Había prometido intentar pasar más tiempo en casa. Incluso había puesto excusas para no asistir a un torneo de golf de la empresa y a una cena con un cliente. Pero Annisha dijo que eran modificaciones pequeñas, que en realidad no estaba dispuesto a enmendar mis errores. Cada vez que recordaba esas palabras, apretaba los dientes de rabia. ¿Es que Annisha no se daba cuenta de lo exigente que era mi trabajo? ¿No se daba cuenta de lo importante que era para mí seguir ascendiendo? Si no hubiera invertido tantas horas, no tendríamos nuestra gran casa, ni los coches, ni las maravillosas teles de pantalla gigante. Aunque, claro, reconozco que a Annisha le importaban un comino las teles.

Bueno, en cualquier caso, me hice una promesa: «Seré un padre separado maravilloso». No escatimaré en atenciones con Adam; iré a todas las actividades del colegio; le acompañaré a natación o a karate; le leeré libros. Cuando llame por las noches, tendré todo el tiempo del mundo para hablar con él. Escucharé todos sus problemas, le daré consejos y bromearemos. Le ayudaré con los deberes e incluso aprenderé a jugar con esos videojuegos tontos que tanto le gustan. Tendré una relación estupenda con mi hijo, aunque no haya podido tenerla con mi mujer. Y demostraré a Annisha que he cambiado de verdad.

Las primeras semanas que pasamos separados, creo que lo hice bastante bien. En cierta forma, no fue tan duro. Aunque me impactó lo mucho que los eché de menos a ambos. Me despertaba en mi piso y me quedaba esperando oír la vocecita que sabía que no estaba allí. Me paseaba por todo el apartamento de noche dándole vueltas a la cabeza: «Esta es la hora en que debería estar leyéndole el cuento. Este es el momento en que debería estar dándole su abrazo de buenas noches. Y este es el momento en que me metería en la cama con Annisha, el momento en que la abrazaría». La espera hasta el fin de semana se me hacía eterna.

Sin embargo, a medida que pasaban los meses, esos pensamientos empezaron a desaparecer. O, mejor dicho, quedaron en segundo plano, desplazados por el resto de preocupaciones. Me llevaba el trabajo a casa todas las noches o me quedaba en el despacho hasta tarde. Cuando Adam llamaba, yo seguía tecleando en el ordenador o escuchaba solo alguna frase suelta. Pasaba semanas enteras en las que no pensaba ni una sola vez en qué estaría haciendo mi hijo durante esos días. Cuando llegaban las vacaciones del colegio, caía en la cuenta de que no había reservado tiempo para estar con él. Luego programé una cena con un cliente justo la noche del concierto de primavera del colegio. También olvidé la cita para su limpieza dental semestral, aunque Annisha me lo había recordado justo la semana anterior. Y entonces empecé a llegar tarde los viernes. Este fin de semana fue otro más de los que no había prestado atención a mi hijo.

Saludé con la mano a Danny, el guardia de seguridad, al entrar en el aparcamiento de la empresa. Después de haber corrido tanto para llegar, deseé no haberlo hecho. Aparqué en mi plaza, pero no apagué el motor enseguida.

En mi defensa debo decir que mi obsesión por el trabajo era totalmente normal. Vivíamos un momento muy estresante en la empresa. Hacía meses que corría el rumor de que estaban a punto de vendernos. Había pasado las últimas doce semanas redactando un montón de informes: informes de ventas, informes sobre inventarios, informes de personal, informes sobre pérdidas y beneficios. Al cerrar los ojos por las noches, lo único que veía eran las tablas de las hojas de cálculo. Eso era lo que me esperaba en el interior del edificio, pero ya no podía retrasarlo más. Apagué el motor, agarré el maletín del portátil y me dirigí hacia la entrada.

Saludé a Devin, nuestro recepcionista. Tenía la cabeza agachada, como si estuviera muy concentrado en la pantalla del ordenador; yo sabía que estaba haciendo un solitario. Cuando doblé a la derecha, vi de reojo que Devin sonreía con satisfacción, aunque quizá solo fueran imaginaciones mías. El camino más corto hasta mi despacho era girando a la izquierda, pero ya nunca iba por allí. Evidentemente, Devin creía que lo hacía porque la mesa de Tessa estaba hacia la derecha. Pero eso no era más que un aliciente. Si iba por la derecha, no tenía que pasar por el despacho de Juan. Juan. ¡Maldita sea! No entendía por qué seguía afectándome después de todo el tiempo que había pasado. Ahora no era más que un despacho vacío. Las persianas estaban levantadas, la mesa despejada, la silla vacía. No había fotos de la mujer de Juan ni de sus hijos en la mesa, ni tazas de café sobre el archivador, ni placas conmemorativas en la pared. Pero era como si la sombra de todos esos objetos sobrevolara los espacios vacíos.

Aflojé el paso a medida que me acercaba al cubículo de Tessa. Tessa y yo éramos compañeros de trabajo hacía años. Siempre nos habíamos llevado bien y teníamos el mismo sentido del humor. No estaba seguro de qué iba a pasar con Annisha, pero debía reconocer que, desde la separación, me había sorprendido a mí mismo varias veces pensando en Tessa.

Vi de reojo su pelo negro, pero estaba hablando por teléfono. Así que seguí caminando.

Cuando ya estaba a punto de cruzar la puerta de mi despacho, me volví sin pensarlo. Me preguntaba si debía ir a echar un vistazo al nuevo prototipo antes de retomar el trabajo más importante. Sabía que el equipo de diseño me mantendría informado sobre el desarrollo, pero la idea de distraerme unos minutos en el laboratorio resultaba tentadora.

Yo había empezado en el laboratorio de diseño. Uno de mis primeros trabajos fue en el departamento de desarrollo de la empresa, diseñando y fabricando piezas de automóvil. Era un trabajo de ensueño para mí. Juan, el director técnico, me adoptó como su protegido. Juan era mi mentor.

Pero, aunque adores tu trabajo, no puedes quedarte en el mismo sitio. Eso acaba con la carrera de cualquiera. No hacía falta que nadie me lo recordase. Era como un perrillo meneando el rabo con tanta fuerza que siempre estaba a punto de partirme la espalda. Y los mandamases se fijaron en mí. Cuando me ofrecieron un ascenso, Juan me llamó a su despacho.

—Bueno —dijo—, ya sabes que si aceptas este puesto,

dejarás la investigación y el desarrollo para siempre. Estarás en ventas y gestión. ¿Eso es lo que quieres?

—Lo que quiero es ascender, Juan —respondí entre risas—. ¡Y no pienso esperar a que tú te jubiles para conseguirlo!

Juan me dedicó una tímida sonrisa, pero no dijo nada más.

Después de subir aquel primer escalón en la jerarquía, fui ascendiendo bastante deprisa. En ese momento dirigía todos los proyectos y la producción para nuestro cliente más importante.

Cogí la taza de café y me dirigí hacia el pasillo en dirección al laboratorio. Pero me detuve en seco. Allí no me necesitaban para nada. Dejé la taza en la mesa y me dejé caer en la silla. Encendí el ordenador con brusquedad, abrí un archivo y clavé la mirada en el laberinto de cifras que llenaba la pantalla.

Transcurridas unas horas, acababa de terminar otro informe sobre pérdidas y beneficios y estaba a punto de volver a la bandeja de entrada de mensajes, llena a rebosar, cuando sonó el teléfono. Me costó un par de segundos reconocer la voz de mi madre. Parecía disgustada. «¡Por el amor de Dios! —pensé—. ¿Y ahora qué?» Hacía unos meses que mi madre se interesaba por mi vida más de lo habitual. Y eso empezaba a fastidiarme.

—Siento molestarte en el trabajo, Jonathan, pero esto es importante —dijo—. Acabo de hablar con el primo Julian, y necesita verte enseguida. Es urgente.

«¿A mí? —pensé—. ¿Para qué narices necesitaría verme el primo Julian?»

Para ser sincero, apenas conocía al primo Julian. Además no era primo mío, sino de mi madre. Ella había tenido una relación muy estrecha con Julian y con su hermana Catherine cuando eran niños, pero yo me crié en el otro extremo del país. Los parientes lejanos me interesaban tanto como el periódico de la semana pasada.

La única vez que recuerdo haber visto a Julian fue cuando yo tenía diez años. Estábamos de visita en casa de la prima Catherine, y ella organizó una comida en su casa. No recuerdo si también estaba la mujer de Julian o si ya estaba divorciado. A decir verdad, no recuerdo nada de aquella visita salvo una cosa: el reluciente Ferrari rojo de Julian. Había oído a Catherine hablar del vehículo, así que estaba esperando en la entrada cuando Julian entró derrapando por el camino de la casa. El coche era incluso más fabuloso de lo que yo había imaginado. Julian me vio la cara (debía de estar tan cabizbajo de la vergüenza que la barbilla prácticamente me tocaba la punta de los zapatos) y me invitó a dar una vuelta. Jamás había montado en un coche tan rápido. Daba la sensación de que, en cualquier momento, las ruedas se despegarían de la carretera y empezaríamos a volar. Creo que no dije ni una palabra en todo el trayecto. Al volver a la casa, Julian bajó del coche, pero yo no me moví.

—¿Quieres quedarte un rato dentro? —me preguntó.

Yo asentí con la cabeza. Se volvió para marcharse, pero yo lo detuve.

—¿Primo Julian?

—Sí.

—¿Cómo conseguiste este coche? —le pregunté—. Bueno, me refiero a que... ¿Te ha costado mucho dinero?

—Pues claro que sí. Así que, si quieres uno de estos, Jonathan, vas a tener que trabajar duro, pero que muy duro, cuando seas mayor.

No lo olvidé jamás.

Recuerdo que Julian no se quedó mucho rato después de cenar; mi madre y la prima Catherine parecían desilusionadas, incluso un poco molestas. Aunque yo solo tenía diez años, imaginé que Julian tenía lugares mucho más interesantes a los que ir. Sin duda alguna, vivía la clase de vida que yo quería para mí de mayor. Me quedé mirando con envidia mientras el fabuloso deportivo se alejaba a toda velocidad por la calle.

Tras años de no saber absolutamente nada de aquel hombre, mi madre había empezado a mencionar su nombre cada vez que nos veíamos. Hacía poco me había contado que el Ferrari había desaparecido del mapa. Por lo visto, el primo Julian había experimentado alguna vivencia que lo había transformado. Renunció a su trabajo como abogado de prestigio con el que ganaba muchísimo dinero, vendió el Ferrari y optó por llevar una vida «sencilla». Mi madre me contó que había estudiado con un grupo poco conocido de monjes que vivían en un lugar remoto del Himalaya y que ahora se paseaba por ahí vestido con una túnica carmesí. Me contó que era un hombre totalmente distinto. Aunque yo no estaba muy seguro de por qué creía que aquello era algo positivo.

Por otra parte, mi madre había intentado reunirnos a

ambos. Me había sugerido que acudiera a visitar a Julian cuando fui a su ciudad por negocios. Aunque, sinceramente, si no tenía tiempo suficiente para estar con Annisha ni con Adam, ¿por qué iba a perder un día con un hombre al que apenas conocía? Además, si al menos todavía fuera un abogado tremendamente famoso con un estilo de vida elegante y un flamante deportivo, le habría encontrado algún sentido a esa visita. Pero ¿por qué iba a necesitar yo pasar el rato con un viejo desempleado y sin Ferrari? Había montones de tipos así bebiendo en el bar de mi barrio.

—Mamá —le dije—, ¿de qué estás hablando? ¿Para qué necesita verme Julian?

Mi madre no conocía los pormenores del asunto. Me dijo que Julian necesitaba hablar conmigo. Necesitaba mi ayuda para algo.

—Eso es una locura, mamá —repuse—. Hace años que no veo al primo Julian. No lo conozco. Tiene que haber otra persona que pueda ayudarle.

Mi madre no dijo nada, pero creí oír cómo ahogaba el llanto. Esos dos últimos años tras la muerte de mi padre habían sido duros para ella.

—Mamá. ¿Estás bien?

Se sorbió un poco la nariz y empezó a hablar en un tono tremendamente cortante que me chocó mucho en ella.

—Jonathan, si me quieres, lo harás. Harás lo que quiera Julian.

—Pero ¿qué...?

No me dejó acabar la pregunta.

—Esta noche, cuando llegues a casa, encontrarás un bi-

llete de avión en el buzón. —Antes de haber terminado la
frase, empezó a quebrársele la voz—. Jonathan, tengo que
colgar —dijo, y colgó.

Me resultó difícil concentrarme durante el resto de la
tarde. Aquella llamada no era propia de mi madre: su tono
imperativo y su desesperación me pusieron de los nervios.
Por otra parte estaba todo aquel misterio. ¿Para qué narices me necesitaría Julian? Pensé en el cambio vital que
había experimentado. ¿Es que se había vuelto completamente loco? ¿Iba a encontrarme con un viejo chiflado des-
potricando contra las supuestas conspiraciones del gobierno? ¿Con algún tipo de pelo alborotado que se paseaba
por ahí con bata y pantuflas? (Ya sabía que no era eso a lo
que mi madre se refería con «túnica carmesí», pero no podía quitarme esa imagen de la cabeza.) Estaba tan obsesionado con todas esas ideas que pasé junto al despacho de
Juan casi sin darme cuenta al salir del trabajo. No fue hasta
llegar al vestíbulo cuando me percaté de lo que había hecho. Lo tomé como un mal augurio.

Al volver a casa, casi me olvido de mirar el buzón. Me
peleé con la cerradura durante unos minutos; se abrió la
puertezuela metálica de par en par y me escupió un montón de folletos de pizzerías y compañías de seguros que se
desperdigaron por el suelo. Mientras los recogía encontré
un sobre grueso. Era de mi madre. Suspiré, me lo metí en
el bolsillo y empecé a subir la escalera hasta mi piso.

Mientras la lasaña congelada giraba en el microondas,
abrí el sobre. Dentro había una breve nota escrita por mi
madre en la que explicaba que Julian vivía temporalmente

en Argentina, y un billete de ida y vuelta a Buenos Aires. «¡Por el amor de Dios! —pensé—. ¿Quieren que haga un viaje de doce horas para ver durante una o dos horas a un primo lejano? ¿El fin de semana?» ¡Genial! Tendría que pasar todo el fin de semana volando en una lata de sardinas y decepcionar de nuevo a mi hijo. O eso o disgustar a mi madre aún más.

Me comí la lasaña tibia delante de la tele, con la esperanza de paliar con un vaso bien lleno de whisky mi insípida cena y la amargura de mi estado de ánimo.

Decidí esperar a la hora en que Adam seguramente ya estaría acostado para llamar a Annisha. Es muy estricta con los horarios, así que no era difícil de calcular. Cuando respondió el teléfono, parecía cansada, pero no triste. Esperaba que cambiara de humor al hablarle sobre mis posibles planes para el fin de semana. Pero Annisha ya estaba al corriente.

—He hablado con tu madre, Jonathan —dijo ella—. Necesitas hacerlo. Adam lo entenderá.

Eso fue todo.

Capítulo 2

El taxi había salido de la autopista y recorría una avenida extraordinariamente amplia. Parecía la típica calle de cualquier ciudad: flanqueada por árboles a ambos lados, con una isleta de hierba que separaba el tráfico incesante, pero tenía al menos diez carriles. Nunca había estado en Sudamérica, y me sorprendió lo parecida que era Buenos Aires a las ciudades europeas. Un obelisco gigantesco, similar al monumento a la memoria de Washington, dividía en dos el panorama que tenía ante mí, pero los edificios y las calles me recordaban ligeramente a París.

Julian me había comprado un billete para un vuelo que partía la madrugada del viernes. Me sorprendió dormirme durante el viaje; desperté justo en el momento en que aterrizábamos. Era de mañana, pero en un hemisferio distinto al que estaba cuando me había quedado dormido.

Los edificios de piedra de estilo modernista, los balcones de forja pintada de negro y las jardineras en las ventanas se encontraban presentes en todo el recorrido, aunque al final entramos en una zona con aspecto más antiguo y un tanto descuidada. Había pintadas de grafiti en las paredes, el estuco de las fachadas estaba cuarteado; los toldos, cubiertos de polvo y descoloridos. Aunque el día era fresco, había varias ventanas abiertas, y me fijé en las cortinas agitadas por la brisa. En una esquina, un grupo de músicos tocaba para un público reducido.

El taxi aminoró la marcha y se detuvo delante de una tienda. El letrero del escaparate anunciaba que se daban clases de tango. Se oía música a través de la puerta entreabierta. Volví a consultar la dirección que Julian me había dado. Por lo visto coincidía con la ubicación de aquel estudio de danza. Le enseñé el papel al taxista para asegurarme de que estaba en el barrio indicado, que no había sido una equivocación. Él asintió con la cabeza y se encogió de hombros. Pagué y bajé del taxi.

«¡Vaya —pensé mientras echaba un vistazo a través de la puerta—. Cuando mamá dijo que Julian había cambiado de vida hablaba en serio!»

La sala era larga pero no demasiado amplia. Las paredes estaban pintadas de rojo pasión, y había arañas con lágrimas de cristal colgando del techo. Hombres y mujeres, bien agarrados aunque con cierta formalidad, daban vueltas por la estancia al son de la vibrante música.

Mientras miraba, un hombre alto y vestido con elegancia se separó de su pareja y se abrió paso entre los bailarines de tango. Al acercarse a mí, vi que estaba sonriendo.

—Jonathan —dijo—. Me alegro mucho de que hayas podido venir.

Me tendió una mano y nos saludamos.

Me costó un instante relacionar al hombre que tenía delante con la imagen que me había formado durante el viaje. Julian parecía mucho más joven que hacía veinte años. Su aspecto fuerte y musculoso no tenía nada que ver con la persona pálida y congestionada sentada al volante de aquel Ferrari. Su rostro no tenía arrugas y estaba relajado. Sentí cómo su mirada de intensos ojos azules me atravesaba.

—Por favor, disculpa —dijo Julian, y recorrió con un gesto de la mano toda la sala—. No estaba seguro de a qué hora llegaría tu vuelo, así que pensé venir de todas formas a mi clase de los sábados. Pero, ya que has llegado, vamos arriba.

Julian me condujo hasta una puerta que yo no había visto desde la entrada. Al abrirla me hizo un gesto para que subiera la escalera.

Al llegar arriba, pasó por delante de mí y abrió otra puerta.

—Entra, entra —dijo al pasar a la habitación.

El piso era luminoso y espacioso, aunque no se parecía en nada a la casa que me había imaginado para Julian. El mobiliario era una ecléctica mezcla de piezas de anticuario y muebles modernos. Pósters de músicos y bailarines bailando tango decoraban las paredes, y había pilas de libros en el suelo. Tenía un ligero aspecto a piso de estudiante universitario.

—Siento haberte hecho viajar hasta tan lejos avisándote con tan poca antelación, pero es que llevo unos meses en esta maravillosa ciudad. Un amigo quería subarrendar su piso y, como yo siempre he querido aprender a bailar tan-

go, pensé que sería una oportunidad fabulosa. Deja que
me cambie de ropa y luego prepare café.

Julian desapareció por un pasillo alargado y estrecho.
Me dejé caer en un sillón cubierto con una manta de algodón que tenía bordada en el centro la frase: «Sé extraordinario». Oí la música de tango que ascendía por el hueco de
la escalera y sentí cómo vibraba en el suelo de parquet.

Mientras esperaba a Julian, empecé a darle vueltas a la
cabeza. ¿Qué estaba haciendo? ¿Qué sabía yo de ese hombre? Me recorrió una intensa sensación de incomodidad.
En cierta forma, sabía que, en cuanto Julian volviera a entrar en la habitación, mi vida no volvería a ser igual. Tenía
el presentimiento de que lo que me esperaba iba a ser difícil y agotador. «No tengo por qué hacer esto», pensé. Me
volví para mirar hacia la puerta preguntándome cuánto
tiempo tardaría en encontrar otro taxi. Justo en ese momento, Julian regresó.

Ahora llevaba una larga túnica carmesí. Se había puesto
la capucha.

—¿Té o café? —preguntó mientras se dirigía hacia una
pequeña cocina situada al fondo del salón.

—Café, por favor —respondí.

Me sentía violento sentado a solas en el comedor; me
levanté y seguí a Julian a la cocina. Mientras él preparaba la
cafetera, me quedé mirando por la ventana, hacia la angosta calle de adoquines de piedra. La clase de baile debía de
haber terminado porque había un montón de parejas en
la acera. La música sincopada había sido sustituida por el
murmullo de las conversaciones y las risas.

Al final me volví hacia Julian.

—¿Qué...? —titubeé, pues no quería parecer demasiado brusco. Volví a empezar—: ¿Qué necesitas de mí? ¿Para qué querías verme?

—Jonathan —dijo Julian apoyándose en la encimera de la cocina—. ¿Conoces mi historia?

No estaba seguro de adónde quería ir a parar. Le dije que sabía que había sido un abogado litigante que había hecho una gran fortuna y que había vivido a todo tren. Le dije que sabía que había sufrido un infarto y que había dejado la profesión, aunque no conocía muy bien los detalles.

—Es cierto —dijo Julian—. Llegó un momento en el que tenía mucho más éxito del que jamás hubiera imaginado en lo que a fama y dinero se refiere. Pero estaba destruyendo mi vida. Cuando no estaba absorto en el trabajo, estaba fumando puros y bebiendo un coñac carísimo, pasándolo en grande con modelos jóvenes y nuevos amigos. Arruiné mi matrimonio y mi estilo de vida empezó a pasar factura a mi carrera. Iba de mal en peor, pero no sabía cómo parar. Un día, en plena defensa de un caso importantísimo, me desplomé en el suelo. Un infarto.

Eso me ayudó a recordar. Mi madre seguramente me lo había contado, pero era evidente que yo no había prestado mucha atención.

Julian se quitó la capucha sacudiendo la cabeza y alargó una mano hasta una balda situada sobre la pica para sacar dos tazas.

—Tardé meses en recuperar la salud. Durante ese tiempo, tomé una decisión.

Suspiré. Esa era la parte en que daba la patada al maravilloso Ferrari.

—Vendí mi mansión, mi coche, todas mis posesiones. Y viajé a la India con la esperanza de aprender todo lo posible sobre la sabiduría del mundo. Verás, mi fortuna material me interesaba menos que descubrir mi verdadera fortuna. Y sustituí el intentar echar el anzuelo a mujeres hermosas por echar el lazo a la felicidad duradera.

Sofoqué un suspiro. Parecía el principio de una larga historia. Estaba impaciente por escuchar la parte que tenía alguna relación conmigo.

—Durante mis viajes a los rincones más remotos del Himalaya, tuve la gran suerte de toparme con un hombre extraordinario. Era un monje, un miembro de la orden de los Sabios de Sivana. Me llevó a lo alto de las montañas, a la aldea donde los sabios habitaban, estudiaban y trabajaban. Los sabios me enseñaron importantes lecciones que estaré encantado de compartir contigo.

Julian hizo una pausa y me miró los pies. Me di cuenta, avergonzado, de que había estado taconeando contra el suelo, como un cliente impaciente en la cola de una tienda.

—Pero tengo la sensación de que este no es el momento. —Julian sonrió.

—Lo siento —me disculpé—. Supongo que estoy algo ansioso por volver a casa.

—No te preocupes —respondió Julian con amabilidad—. Una historia debe contarse solo cuando el oyente está listo para escucharla. ¿Quieres saber por qué te he pedido que vinieras? —me preguntó.

Asentí con la cabeza.

El café estaba listo. Julian sirvió dos tazas.

—¿Leche? ¿Azúcar?

Negué con la cabeza. Me pasó una taza y se dirigió hacia el comedor. En cuanto ambos estuvimos sentados, prosiguió con su historia.

—Una de las cosas que me enseñaron los monjes fue el poder de los talismanes.

—¿Los talismanes? —pregunté.

—Pequeñas estatuillas o amuletos. Son nueve en total. Cada uno contiene una porción de sabiduría esencial para obtener la felicidad duradera y conseguir vivir con plenitud. De forma individual, son meros objetos simbólicos, pero juntos poseen un extraordinario poder transformador. De hecho, pueden salvar vidas.

—¿Tienes que salvar una vida? —pregunté. Aquello sonaba un poco melodramático o incluso un tanto descabellado.

—Sí. Un conocido mío tiene un problema realmente grave. Otros han intentado ayudarle, pero ha sido en vano. Este es nuestro último recurso.

—¿Esto tiene algo que ver con mi madre? —pregunté—. Parecía muy disgustada por teléfono.

—Sí que tiene que ver con ella —dijo Julian—. Pero no puedo explicarte de qué forma.

—Escucha, si mi madre está enferma o algo parecido, tengo todo el derecho a saberlo.

Sentí una fuerte presión en el pecho y me costaba respirar.

—Tu madre no está en peligro —respondió Julian—.
Eso es todo lo que puedo decirte.

Estaba a punto de presionarlo, de hacerle más preguntas, pero Julian se había quedado callado y había puesto la
taza de café en la mesa que yo tenía delante. Parecía decidido a terminar la conversación. Lancé un suspiro y me
quedé mirando al suelo durante un minuto.

—Está bien —dije—, pero ¿cómo encajo yo en todo
esto? ¿Para qué me necesitas?

Julian se había levantado de la silla y se había dirigido
hacia la ventana. Miró hacia la calle, aunque parecía estar
pensando en algún lugar mucho más lejano.

—Cuando me marché de la aldea —dijo Julian—, los
monjes me entregaron los talismanes en una bolsita de cuero y me pidieron que fuera su nuevo guardián. Sin embargo,
al dejar el Himalaya, estuve viajando durante un tiempo.
Una noche hubo un incendio en el hotelito donde estaba.
Salí a tiempo, pero mi habitación quedó destrozada. Llevaba los talismanes encima, así que solo perdí un par de
sandalias. En otra posada, un tipo contó que le habían robado en una callejuela de Roma. Se me ocurrió que mientras los talismanes estuvieron con los monjes en la aldea,
habían estado a salvo. Yo era el único visitante que había
llegado hasta aquel lugar remoto en mucho tiempo. Pero
ahora que poseía aquellos tesoros, corrían el riesgo de per-
derse. En cualquier momento me los podían robar, podían
extraviarse o ser destruidos.

Julian me explicó que, para garantizar la seguridad de
los talismanes, había decidido enviar cada uno de ellos a un

guardián de su confianza que se lo entregaría en caso de necesidad. Con cada talismán había adjuntado una carta donde describía lo que él creía que significaba. Entendí que lo que necesitaba era recuperar los talismanes. Dijo que quería que yo fuera a recuperarlos.

—¿Qué? —solté—. Quiero decir, ¿las empresas de mensajería no están para eso?

Julian sonrió.

—No creo que hayas entendido la importancia de los talismanes. No puedo confiárselos a un mensajero ni al servicio postal. Están repartidos por todo el mundo, y necesito que alguien los recoja en persona.

—¿Y no puedes ir tú? —pregunté. Sabía que estaba siendo un poco brusco, pero todavía tenía la imagen de Julian bailando tango en el salón de abajo.

Julian soltó una risotada.

—Ya sé que no parezco muy ocupado —dijo en un tono más serio—. Pero me resulta verdaderamente imposible hacerlo.

Me quedé mudo unos segundos. ¿Cómo podía decirle lo que pensaba?

—Primo Julian. No te ofendas, pero has dicho que necesitabas que alguien recogiera esas cosas. En realidad no me conoces. Solo nos hemos visto una vez, cuando yo tenía diez años.

—Te conozco mejor de lo que crees —respondió Julian. Su sonrisa plácida se había esfumado. Tenía la mirada sombría y una expresión tan seria que resultaba desconcertante—. Escúchame, Jonathan —dijo en voz baja—. No puedo decirte por qué lo sé, pero lo sé. La única persona que puede recuperar esos talismanes eres tú. —Hizo una pausa y añadió—: Sé que mis respuestas pueden parecerte algo evasivas. Pero confía en mí, Jonathan, cuando te digo que es una cuestión de vida o muerte.

Nos quedamos sentados en silencio durante largo rato. Pensé en mi madre, en cómo gimoteaba al hablar por teléfono. La sensación que me provocaba ver vacío el lado de la cama de Annisha. La mirada de Adam cuando lo decepcionaba. No ocurre muy a menudo eso de ser el «único»: el único hijo, el único marido, el único padre.

Al final, fui yo quien rompió el silencio.

—¿Cuánto tiempo me llevará? —pregunté.

—He escrito a los guardianes —dijo Julian—. Aún no me han contestado todos. Pero tengo un lugar por el que puedes empezar; un amigo mío que vive en Estambul. En cuanto al tiempo que te llevará, bueno, recuperar todos los talismanes te costará unas pocas semanas, quizá un mes.

¡Por el amor de Dios! Eso eran todos mis días de vacaciones y un par más. Inspiré hondo. Julian me miró y levantó la cabeza.

—¿Jonathan?

Le devolví la mirada. Había muchísima amabilidad en sus ojos. Durante un instante me recordó a mi padre, y me di cuenta de lo mucho que lo echaba de menos. También me di cuenta de que ya había tomado una decisión. Se me hizo un nudo en la garganta; asentí con la cabeza.

Julian sonrió. Luego se puso en pie y se alisó los costados de su túnica roja.

—Y ahora —dijo Julian—, como ya hemos acabado con los negocios, te prepararé algo de comer y luego podríamos dar una vuelta por el barrio. Se llama San Telmo. Y se ha convertido en uno de mis lugares favoritos del planeta.

Pasé una tarde agradable, aunque rara, con Julian. Me llevó a un salón de baile situado a unas calles de su casa, donde experimentados bailarines de tango ofrecían una exhibición. Mientras la música vibraba en mi interior como un segundo latido, me fijé en que Julian llevaba el ritmo con los pies y movía las piernas ligeramente como si estuviera dando los pasos de baile. Luego paseamos por callejones llenos de recovecos hasta que llegó la hora de embarcar, de nuevo de madrugada, para regresar a casa. Mientras estábamos en la calle, en la entrada del piso de Julian, con la música que escapaba del estudio y llenaba la atmósfera que nos envolvía, Julian se volvió hacia mí.

—Algo más, Jonathan —dijo. De un bolsillo de la túnica se sacó una libretita forrada de piel—. Me gustaría que llevaras un diario mientras estés fuera.

—¿Un diario? —pregunté—. ¿Para qué?

—No es un diario personal, Jonathan. Es un diario de navegación. Los talismanes confieren poder a aquellos que los portan. Y las personas que los portan también les confieren poder a ellos. Para mí es importante saber qué piensas y sientes durante el viaje y también qué te transmiten los talismanes en cuanto estés bajo su influencia.

Me sentí hundido. No sabía qué era peor: quedarme sin

unas semanas de mi vida para viajar por el mundo recogiendo las cosas de otro o tener que escribir sobre ello. La
reflexión personal nunca había sido mi fuerte.

—Creo que en cuanto estés solo, en cuanto tengas esos
extraordinarios talismanes en tu poder, escribir sobre lo
que sientes no será tan horrible como parece —dijo Julian.

Estaba a punto de responder «Sí, claro, lo que tú digas»,
pero me reprimí. ¿Qué importaba? Si iba a hacer esa locura, podía hacerla tal como quería Julian.

Justo en ese instante, el taxi se detuvo delante de nosotros. Al subir, sentí un repentino ataque de miedo por la
decisión que había tomado. Hacía mucho tiempo que no
iniciaba nada nuevo, que no emprendía ninguna clase de
aventura. Cerré la puerta y me volví para mirar a Julian
mientras el taxi empezaba a alejarse de la acera. Él levantó
la mano para despedirse y entonces me llamó.

—¡Jonathan —exclamó—, alégrate! ¡No todos los días
tienes la oportunidad de salvar una vida!

El lunes me costó un mundo subir al coche e ir al despacho. Tenía tres semanas de vacaciones por delante y debía
cogerlas de inmediato. Aunque si el viaje me llevaba más
tiempo del previsto, me metería en un buen lío. Lo único
que podía hacer era pedir algunos días más sin sueldo, y si
la respuesta era negativa, supuse que me despedirían.

Aunque, sinceramente, me dije, mientras me obligaba a
salir del coche como podía y a cruzar la puerta principal de
la empresa, ¿qué importa tomar una decisión equivocada?

Al fin y al cabo, en el pasado, siempre había tomado lo que consideraba decisiones geniales en cada momento. ¿Y dónde me habían llevado? Mi profesión era motivo constante de estrés y desesperación. Mi maravillosa esposa me había dejado. Todos los ahorros que había conseguido gracias a mi duro trabajo se esfumarían con el divorcio. Incluso el placer que sentía en compañía de Adam estaba mermando debido al sentimiento de culpa que tenía por verlo solo los fines de semana y por estar empeorando como padre. ¿De verdad que una decisión alocada como aquel viaje podía causarme más dolor que el que me habían causado todas mis decisiones sensatas?

Pasé una hora haciendo girar la silla del despacho, regodeándome en la desilusión y el pesimismo. Cuando entré al despacho de mi jefe, ya había aceptado el lío en el que me iba a meter con resignación fatalista. De hecho, ya casi había olvidado lo difícil que iba a resultar esa conversación.

Sin embargo, en cuanto hube pronunciado las primeras frases, lo recordé rápidamente.

Me había sentado en una de las sillas de altura estratégicamente baja situadas frente a la gigantesca mesa del despacho de David. Él apenas había apartado la mirada de la pantalla del ordenador al entrar yo. Pero cuando le expliqué que necesitaba unas vacaciones, y que posiblemente necesitaría más tiempo del que me correspondía porque tenía que atender una urgencia familiar, levantó la cabeza. Su expresión solo podría describirse como «pasmada». En cuanto empecé con mi argumentación refiriéndome a los días de vacaciones acumulados, levantó la mano.

—Voy a dejártelo claro —dijo David—. ¿Quieres veintiún días seguidos de vacaciones sin previo aviso?

No pude reprimirme.

—Bueno, técnicamente, el sábado y el domingo son fin de semana, así que no, no son veintiún días seguidos.

—Jonathan, sabes muy bien que nadie tiene permitido tomarse más de dos semanas libres seguidas —me reprochó.

El tono de la conversación empeoró cuando le dije que no sabía exactamente cuándo regresaría.

—De todas las personas de esta empresa —dijo David—, eres el último del que habría imaginado una jugarreta como esta.

—Ya lo sé —respondí. Tenía razón.

—Ya sabes, Jonathan, por aquí se te considera un valor en alza. Y antes de hoy, si me hubieran pedido que mencionara a un solo tipo que fuera a salir de esta venta o de esta fusión, o sea lo que sea, como el chico de oro, habría dicho tu nombre. Pero me vienes con esta, justo ahora...

Se volvió para mirar hacia la ventana. Estaba haciendo girar un lápiz entre los dedos y arrugando la frente.

No necesitaba escuchar todo aquello.

—Mira —dije—. He hablado con Nawang durante el fin de semana. Ha aceptado encargarse de mis proyectos durante mi ausencia. Sabe manejarse. Y, en caso de emergencia, siempre puede intentar localizarme por teléfono. Así que, ¿puedo coger esas vacaciones o tengo que presentar mi dimisión?

—Cógete las vacaciones —dijo David con voz áspera—.

Pero te diré algo. Si nos las podemos arreglar sin ti durante un mes, seguramente podremos hacerlo para siempre.

Me levanté de la silla y me dirigí hacia la puerta. Antes de cruzar el umbral, me detuve y me volví.

—David, ¿me habrías dicho lo mismo si estuviera pidiéndote esos días para encargarme de algún problema con mi hijo o con mi mujer?

David siguió mirando por la ventana. Fui incapaz de interpretar su expresión.

El camino de vuelta a mi despacho se me hizo interminable. Resultaba escalofriante pensar que a David podía no importarle que tuviera que atender a mi hijo si estaba enfermo o necesitado. Pero ¿por qué esperaba que fuera de otra forma? Esta empresa cambiaba a las personas. Lo había visto con Juan.

Juan. No había un día que no pensara en mi antiguo jefe, en mi viejo amigo. Con el paso de los meses, me costaba cada vez más no distraerme pensando en su ausencia. A menudo me despertaba por las noches y era incapaz de volver a dormirme; rememoraba lo ocurrido una y otra vez, y revivía el papel que había desempeñado en todo aquel desastre. Aunque no importaba las veces que pensara en ello, no podía olvidarlo. Alejarme de allí era seguramente lo mejor que podía hacer.

Los tres días siguientes fueron una vorágine. Hice todo cuanto pude por dejar las cosas resueltas en el trabajo. Envié un sinfín de mensajes y realicé mil llamadas. Recorría la

ciudad a toda prisa haciendo gestiones en el banco, recogiendo ropa en la tintorería, haciendo visitas relámpago
a mi hijo. Incluso hacer las maletas resultó caótico: ¿cómo
podía saber qué llevarme si ni siquiera conocía mis lugares
de destino?

Y, de pronto, estaba embarcado en un vuelo de madrugada, con destino a Turquía, para encontrarme con un amigo de Julian. Tenía el teléfono apagado; no llevaba nada de
papeleo en mi maletín guardado en el compartimiento del
avión. Disponía de varias horas de tranquilidad para mí y
no podía hacer nada. Esperaba poder descansar, pero no
paraba de darle vueltas a la cabeza. Saqué un papel del bolsillo de la chaqueta. Julian me había enviado una breve
nota con los billetes de avión.

«Gracias —decía— por invertir en este viaje el tiempo
que podrías pasar con tu familia y en el trabajo. Sé que tienes montones de razones para no realizarlo, pero uno de
los mejores regalos que podemos hacernos a nosotros mismos es desprendernos de las excusas. Rudyard Kipling
escribió una vez: "Tenemos cuarenta millones de razones
para el fracaso, pero ni una sola excusa". Y lo peligroso de
las excusas es que si las repetimos suficientes veces, llegamos a creérnoslas. Esta misión que te he encomendado implica muchos viajes, pero espero que puedas concentrarte
en las oportunidades que te proporcionarán más que en los
inconvenientes que suponen. Al fin y al cabo, la vida misma es un viaje, y lo que más importa no es lo que consigues,
sino lo que llegas a ser.»

Julian también me había enviado una bolsita de cuero

con un cordón largo. Se suponía que tenía que colgármela del cuello y guardar allí los talismanes a medida que los fuera recuperando. De momento, la llevaba en el bolsillo de la chaqueta. Acaricié la suave piel, en un gesto ausente.

Los demás pasajeros del avión estaban quedándose dormidos. Se oía el rumor distante de los motores; el sutil traqueteo del carrito de las bebidas que desaparecía por el fondo del pasillo. Cerré los ojos. Pensé en Annisha y en Adam. En cierta forma sabía que, al estar tan lejos, los echaría más de menos. Luego pensé en otras personas a las que extrañaba en mi vida. La ausencia de mi padre era como un dolor sordo instalado en mi pecho. Aunque era un dolor nostálgico y dulce, acompañado de muchos recuerdos felices. Y luego pensé en Juan. Recordé las palabras de Julian: «¡No todos los días tienes la oportunidad de salvar una vida!».

¿Acaso no era cierto?

Capítulo 3

Julian no me había dado ninguna lista de destinaciones ni de los nombres de los guardianes con los que me reuniría. «Diferentes lugares» era todo cuanto me había dicho en Buenos Aires. «Europa, Asia, Norteamérica. Todavía no he logrado contactar con todo el mundo», me había dicho. Sin embargo, sí me había informado de que empezaría por Estambul, donde me reuniría con su viejo amigo Ahmet Demir.

—Ahmet irá a buscarte al aeropuerto. Sé que querrá enseñarte su maravillosa ciudad, pero, lamentablemente, no tendrás mucho tiempo para hacer turismo. Tienes reservado un billete a París para el día siguiente.

¡Hacer turismo! Eso me hizo gracia. Lo único que yo quería era recuperar esos talismanes lo antes posible y volver al trabajo. Incluso cuando salí medio dormido del avión al llegar al aeropuerto Atatürk, conecté el móvil a toda prisa para ver si tenía algún mensaje de Nawang, mientras pensaba en qué habría pasado en el despacho durante mi ausencia. Tenía mensajes de algunas personas preguntando durante cuánto tiempo estaría fuera. Un mensaje de mi madre, muy breve y lleno de evasivas. Le había preguntado si sabía algo más sobre a quién estaba intentando ayudar Julian con los talismanes, pero ella me decía que no estaba segura. No le creía; había detectado preocupación en su tono de voz.

Los mensajes del teléfono me sirvieron de distracción mientras estaba en la larga cola del control de pasaportes y durante la recogida del equipaje. Así que, cuando por fin me planté en el vestíbulo de llegadas con la maleta en la mano, fue la primera vez que me pregunté cómo iba a reconocer al tal Ahmet, cómo se suponía que debíamos localizarnos entre la multitud.

Mientras escudriñaba a los grupos familiares, a los conductores y a otras personas impacientes que esperaban la llegada de algún pasajero, localicé a un hombre alto con un cartel que llevaba mi nombre escrito. Tenía el pelo canoso, la barba corta y también canosa y una cálida sonrisa. Lo saludé rápidamente con la mano y me acerqué a él.

Al llegar hasta donde estaba, Ahmet bajó el cartel y me estrechó la mano enérgicamente.

—*Hoş geldiniz, hoş geldiniz* —dijo—. Es un placer conocer a un miembro de la familia de Julian. Es un honor.

Mascullé una respuesta inadecuada, abrumado por el entusiasmo de Ahmet.

—¿Lo tienes todo? —me preguntó—. ¿Estás listo para partir?

Asentí con la cabeza y Ahmet recogió el cartel, me tocó con amabilidad el codo y me guió hacia la salida de la terminal.

Me llevó por el abarrotado aparcamiento hasta un reluciente Renault plateado.

—Ya hemos llegado —anunció, cogió mi maleta y la metió en el maletero.

Abrí la puerta del acompañante y estaba subiendo al coche justo cuando empezó a sonar el timbre de mensaje entrante en el móvil.

—Disculpa —dije a Ahmet. Me abroché el cinturón y empecé a leer.

Era de Nawang. Decía que había recibido una llamada de uno de mis clientes. Tenía un alarmante número de quejas de sus compradores sobre un nuevo componente que habíamos diseñado para su modelo de sedán más vendido. Se me revolvió el estómago. Era la típica situación que podía acabar con una retirada del componente cuando no con alguna demanda judicial contra nuestra empresa exigiendo alguna compensación económica. Nawang tendría que encargarse de que el departamento de control de calidad llegase al meollo de la cuestión.

—Lo siento —dije a Ahmet mientras salía del aparcamiento—. Tengo que enviar un par de mensajes. Una emergencia de trabajo.

Ahmet asintió con amabilidad.

—Haz lo que tengas que hacer —respondió—. Pronto tendremos tiempo de conocernos.

Durante el trayecto en coche, no vi nada del paisaje que íbamos dejando atrás. Tenía los ojos clavados en la pantalla del teléfono. Apenas fui consciente de que entrábamos en la congestionada autopista y nos uníamos al tráfico y luego cruzábamos un puente sobre el agua. Pero cuando por fin levanté la vista, íbamos abriéndonos camino por unas callejuelas y el coche ascendía por una pronunciada pendiente.

Ahmet se percató de que yo volvía a prestar atención.

—Se me había ocurrido que tras un largo vuelo te apetecería asearte un poco antes de seguir nuestro recorrido. Te llevo a mi piso de Beyoğlu.

Avanzábamos despacio, dejando atrás cafeterías y tiendas, aceras estrechas llenas de viandantes, edificios bajos de piedra y ladrillos grises y amarillentos. Frente a nosotros vi una torre circular que se alzaba en lo alto de una colina, con un tejado acabado en punta de color gris azulado que se elevaba hasta el cielo, y rodeado por dos hileras de ventanas. Había personas paseándose por el balcón de las ventanas más próximas al tejado.

—La torre de Gálata —dijo Ahmet—. Desde allí arriba hay una vista impresionante de la ciudad.

Ahmet redujo la marcha y aparcó el coche en un sitio muy estrecho de la calle.

—Ya hemos llegado —anunció, y señaló el edificio de tres plantas que teníamos al lado. Ya en la acera, Ahmet abrió la pesada puerta de madera del edificio y me invitó a entrar. Había una escalera de mármol ante nosotros—. No te importa subir a pie, ¿verdad? —preguntó Ahmet.

—En absoluto —respondí.

El piso de Ahmet estaba decorado con un gusto exquisito, con el suelo cubierto de alfombras con elegantes diseños, el sofá de brocado lleno de cojines de intensos colores, y las paredes adornadas con refinados dibujos enmarcados de aves marinas y barcos, además de una diversidad de flora y fauna. Sin embargo, aquel lugar tenía un aire curiosamente impersonal. Julian me había dicho que Ahmet era capitán de transbordador; me lo había imaginado viviendo en un ambiente más rústico.

—Como ya habrás supuesto, no paso mucho tiempo aquí —dijo Ahmet—. Compré este piso hace años, como inversión. Por lo general, se lo alquilo a extranjeros que trabajan en las embajadas o en las empresas de esta parte de la ciudad. Pero mi esposa falleció hace unos años, y hace poco vendí nuestra casa familiar en Beşiktaş. Así que duermo en este piso cuando salgo con el transbordador o cuando quiero llevar a alguien de visita por el casco antiguo. El resto del tiempo, vivo en el pueblo donde nací, a orillas del Bósforo. Ven —dijo Ahmet, y se dirigió hacia el ventanal—. Te lo enseñaré.

No me había percatado de lo mucho que había ascendido el coche, ni de dónde estaba situado el edificio de Ahmet, pero, al mirar por las ventanas del comedor, entendí de inmediato lo maravillosa que había sido su inversión. Ante mí se abría uno de los paisajes más increíbles que había contemplado jamás.

—Allí —dijo Ahmet, señalando el río que teníamos a nuestros pies—. Ese río es el Cuerno de Oro. El puente de Atatürk y el puente de Gálata. Mi barcaza está amarrada en ese puerto de ahí. Y a tu izquierda, esa gran masa de agua es el estrecho del Bósforo. Mi ciudad continúa en esa otra orilla. Aquí estás en Europa. En cuanto cruzas al otro lado de Estambul, te encuentras en Asia.

Miré hacia la otra orilla, hacia el continente asiático, y volví la vista hacia la línea de edificios que tenía justo delante.

—¡Ah, sí! —exclamó Ahmet—. ¡Qué maravilla!, ¿verdad? El casco antiguo. Sultanahmet. El barrio del Gran Bazar. El Serrallo.

A lo lejos vi dos enormes complejos con techos abovedados y minaretes, jardines y murallas.

—¿*Hagia Sophia*? —pregunté. Era lo único que realmente conocía de Estambul.

La basílica de Santa Sofía, la gigantesca iglesia abovedada construida por el emperador Justiniano cuando este lugar se llamaba Constantinopla, la sede del Imperio romano, el hogar adoptivo de la Iglesia cristiana. Más adelante fue transformada en mezquita, se añadieron los minaretes y se modificó el interior, pero los mosaicos originales se conservaron. Me habían contado que seguía poseyendo una belleza hipnótica.

—La que está situada a la izquierda —aclaró Ahmet, señalando hacia ese lado—. La mezquita Azul está justo detrás. Y el hipódromo, el palacio de Topkapi, la cisterna de Justiniano, los museos, hay tanto que ver... —Ahmet recorrió con la mano el paisaje que teníamos ante nosotros—. Pero esta tarde te llevaré al bazar de especias y al Gran Bazar antes de ir al barco.

—¿El barco?

—Ah, sí —respondió Ahmet, y se alejó de la ventana—. Lo siento. No tengo el talismán aquí. Está en mi pueblo natal, en Anadolu Kavaği.

Había olvidado por completo la razón de mi visita.

—Podríamos ir en coche, pero ¿qué sentido tendría? —prosiguió Ahmet—. Para llegar hasta allí lo mejor es el barco. Mi hijo lo ha sacado a navegar esta mañana para una excursión privada, así que saldremos esta noche y regresaremos mañana por la mañana. —Ahmet me hizo un gesto para que lo siguiera—. Ahora te enseñaré dónde puedes asearte. Luego tomaremos un té y algo de comer antes de dirigirnos al bazar.

Lo primero que me impactó cuando llegamos al bazar de las especias fue el aroma. Era como estar paseando por un jardín de hierbas aromáticas: los olores nos impregnaban a cada paso que dábamos, se mezclaban entre sí, cada uno más intenso que el anterior.

Los tenderetes se sucedían sin pausa. Había montañas de dátiles y otros frutos secos, toda clase de frutos tostados, enormes pirámides de *halva* de color café con leche. Había cilindros de turrón y una maravillosa variedad de delicia turca de colores intensos como de piedra preciosa; Ahmet me contó que allí lo llamaban *lokum*.

Los mostradores estaban llenos de cajas de té abiertas. En un puestecillo tras otro, pequeños montículos de especias se desparramaban sobre los mostradores: comino, cardamomo, pimentón, nuez moscada, canela.

Ahmet compró unos cuantos albaricoques, dátiles e higos secos antes de marcharnos y dirigirnos hacia el gigantesco complejo de piedra del Gran Bazar, que albergaba miles de tiendas.

El bazar de las especias me había confundido los sentidos, me había dejado estupefacto con sus exóticos perfumes. Había estado caminando totalmente hipnotizado por cuanto me rodeaba, sin pensar en absoluto ni en mí ni en mi vida. Pero allí, en el Gran Bazar, no podía dejar de pensar en todas las personas a las que echaba de menos. Mientras atravesaba los interminables pasillos abovedados, vi muchas cosas que podrían gustar a Annisha: lámparas decoradas con mosaicos de cristal, delicados fulares de seda, piezas de cerámica de complicados dibujos; todo revestido de una verdadera explosión de color. Fue algo que me impactó cuando conocí a Annisha. No importaba cómo se vistiera, siempre llevaba algún vivo toque de color: pendientes de un verde chillón, una bufanda violeta en invierno, una boina de naranja intenso. Su piso también era así: una mezcla singular de objetos, un mosaico de dibujos y colores, caótico aunque sorprendentemente armonioso. Claro que todavía me quedaban semanas de viaje, así que no podía comprar nada que abultase demasiado. Y me sentía abrumado por la cantidad de opciones. Al final escogí un collar de cuentas de cristal para ella y, para Adam, un pequeño chaleco bordado que creí que le encantaría.

Los vendedores de alfombras me atrajeron especialmente. Me llamaban al pasar junto a ellos y, en todas las ocasiones, me di cuenta de que reducía la marcha y me quedaba admirando las hermosas alfombras. Ahmet se percató de que me llamaban la atención.

—¡Ah, sí! —dijo—. Tienes que volver algún día, cuando tengas más tiempo, cuando de verdad puedas comprar y regatear. Escoger una buena alfombra no es fácil, debes aprender más sobre este arte, sobre el hilado y los nudos, las fibras, los tintes. Pero también debes aprender cuál es su valor real y cómo regatear para comprarlas. Me encantaría enseñártelo.

La avidez de Ahmet por enseñarme cosas me recordó a mis padres. Eran una pareja entregada a alentar el aprendizaje constante. Mi madre era una lectora voraz, y cuando mi hermana y yo íbamos a la escuela primaria, ella consiguió empleo en una librería. Llegaba a casa con tantos libros que estoy seguro de que la tienda le conservaba el puesto para no perder a su mejor clienta. Traía libros de ficción para ella, de no ficción para mi padre, y libros ilustrados y de primeras lecturas para Kira y para mí.

Mi padre estaba encantado con aquella situación y devoraba todo el material de lectura con avidez. Pero su entusiasmo iba más allá. Nada producía más placer a Nick Landry que compartir sus conocimientos. De hecho, era profesor de escuela primaria, aunque la enseñanza era algo más que su trabajo, era su pasión. Entre los dos, mis padres creaban una atmósfera de aula de colegio allá donde estuviéramos, para consternación de sus hijos.

Todos los años íbamos de viaje familiar durante las vacaciones de verano. Nunca era a un lugar exótico, pero mis padres siempre realizaban una labor de investigación previa. Mientras caminábamos por el bosque, mi madre sacaba una guía de campo de su mochila y nos contaba que los pinos necesitaban el calor intenso de un incendio forestal para que sus piñas se abrieran y pudieran liberar los piñones. Luego mi padre nos explicaba cómo había construido su presa un castor o que las laderas que estábamos escalando habían sido la orilla de un lago en un tiempo pasado. En cualquier lugar histórico, mi madre y mi padre sabían más del sitio que los guías locales. Incluso un parque temático podía convertirse en ejemplo para una lección sobre la fuerza centrífuga o referencias a la cultura pop.

Mis padres parecían adictos a la información y a las ideas, y nuestros viajes siempre estaban plagados de exclamaciones. «¿A que es maravilloso?», decía mi madre cuando hacíamos un descubrimiento. Y a mi padre le encantaba cuando mi hermana o yo demostrábamos curiosidad. «¡Es una pregunta genial!», soltaba maravillado y lleno de orgullo cuando les preguntábamos cualquier cosa. Cualquiera habría dicho que acabábamos de descubrir la cura contra el cáncer.

Ahora recuerdo ese entusiasmo con cariño, pero, de niño, era algo que solía agobiarme. Y cuando llegué a la adolescencia, nuestras pequeñas excursiones, la instrucción constante, la interminable retahíla de detalles me ponían de los nervios. Repantigados en el asiento trasero del caluroso coche en una tarde de verano, mientras mi padre nos describía con apasionamiento la historia del canal de Erie, Kira y yo poníamos los ojos en blanco, nos llevábamos el dedo índice a la sien y fingíamos pegarnos un tiro.

«Este lugar, esta ciudad —pensé con tristeza—, les hubiera encantado a mis padres.» Era la clase de viaje con el que siempre habían soñado, el tipo de lugar que esperaban visitar. Ese era su gran plan para la jubilación: viajar. De hecho, cuando mi padre dejó el trabajo, sus compañeros le regalaron un conjunto de maletas de viaje. En los meses siguientes, ya jubilado, las guías estaban por toda la casa, crecían como setas en tierra húmeda. Había montones de ellas junto a su sillón favorito del comedor, ejemplares que asomaban por debajo de su mesilla de noche, folletos y mapas en el revistero del baño: de Irlanda, de Toscana, de Tailandia, de Nueva Zelanda. Mi padre había impreso itinerarios y los había colgado sobre su escritorio. Mi madre y él pensaban estar de viaje casi medio año.

Pero un día, meses antes del momento en que habían planeado irse, mi madre oyó un golpe procedente del garaje. Mi padre estaba guardando el mobiliario de jardín para resguardarlo del mal tiempo invernal cuando sufrió una embolia aórtica. Murió incluso antes de impactar contra el suelo.

Tras el funeral, mi madre vivió durante meses como sumergida bajo el agua. Poco a poco, los itinerarios fueron desapareciendo del panel donde ponían las notas, las guías de viaje pasaron a una estantería del sótano, y mi madre volvió a su trabajo de media jornada en la librería. Kira pensó que mi madre quizá recuperase las ganas de viajar algún día, pero en ese momento no podía soportar la idea de hacerlo sin mi padre.

Un último grito de un vendedor de alfombras interrumpió esos pensamientos relacionados con mis padres. Ahmet se dirigió hacia la salida del bazar con el sol del ocaso en el horizonte.

—Hora de cenar —anunció mientras me llevaba hasta un lateral del complejo.

Entramos en un callejón, luego en otro, abriéndonos paso por las estrechas calles de la ciudad. Al final, Ahmet se detuvo delante de un toldo de color rojo intenso colocado en la fachada de un edificio bajo de piedra.

—Ya hemos llegado —dijo.

Lo seguí al interior del local. La cafetería tenía una iluminación tenue y era fresca, aunque la decoración rebosaba colorido. Había tapices rojos y dorados colgados de la pared de piedra, y justo debajo, unos bancos bajos con cojines azules y naranjas. Había mesitas bajas cubiertas con llamativos manteles de rayas rojas, situadas delante de los bancos. Cada mesita estaba decorada con una pequeña lámpara de latón.

Durante la cena —pimientos rellenos de arroz y piñones, cordero con puré de berenjena y pan con semillas de sésamo—, Ahmet y yo hablamos sobre nuestro trabajo y nuestra vida. Sin embargo, en más de una ocasión se hacía un silencio entre ambos que no resultaba en absoluto incómodo. Esa tranquilidad podía verse salpicada por frases como «prueba esto», por parte de Ahmet, o «qué rico», por mi parte, pero había largos momentos en los que cedíamos el protagonismo al murmullo lejano de las voces procedentes de la calle. Me sentía muy lejos de todo cuanto había conocido hasta ese momento.

El sol empezaba a ponerse cuando llegamos al muelle. El olor penetrante del salitre impregnaba el aire. El puerto estaba abarrotado de embarcaciones grandes y pequeñas, enormes transbordadores comerciales dominaban el espacio. Ahmet, según me contó, no era un simple capitán de ferry. En realidad había sido dueño de una importante empresa de transbordadores, pero la había vendido hacía ya unos años. Se había quedado con un solo barco de la flota: un velero que originalmente había sido barco pesquero y que había servido de transbordador en la primera época de la empresa.

—No podía soportar la idea de deshacerme de él —me dijo—. Lo saco a navegar de vez en cuando para hacer recorridos privados por el Bósforo. De hecho, ya tenía programado uno para hoy cuando me llamó Julian. Mi hijo me ha sustituido.

Fuimos paseando por los muelles de los grandes transbordadores públicos y pasamos por donde estaban amarradas las grandes embarcaciones turísticas. En uno de los muelles había una nave alargada y baja, con la proa y la popa muy decoradas, con un aparatoso dosel de madera y una borda cubierta de motivos dorados.

—Es una réplica de un *caique* imperial —me informó Ahmet—. Para los turistas.

Al final llegamos a una zona donde había amarrados navíos de menores dimensiones. Ahmet se acercó a un modesto barco blanco con una banda azul.

—Aquí está —anunció riendo—, la niña de mis ojos.

Era un robusto barco con aspecto de remolcador. Cerca

de la proa estaba el angosto receptáculo del timón, sin techo, y, protegidos tras una pequeña mampara de madera y cristal, se encontraban el panel de control y el timón. Había un ajado taburete con asiento de piel situado delante, bancos de madera en la popa y un par de asientos detrás de la cabina del timón. La pintura blanca y azul de la borda y del suelo estaba cuarteada, pero limpia. Era antiguo, pero estaba bien cuidado.

—Parece que no hemos llegado a tiempo para ver a Yusuf. Bueno. A lo mejor en tu próxima visita puedo presentarte a mi familia —dijo Ahmet mientras soltaba los amarres.

No tardamos mucho en salir del puerto y dirigirnos al estrecho. Avanzábamos poco a poco, aunque en ese momento de la noche parecía como si todo fuera a una velocidad relajada. Un enorme transbordador con sus faros parpadeantes navegaba rumbo a la orilla asiática, y a lo lejos se veían embarcaciones más pequeñas. La superficie del agua parecía extrañamente en calma. En la penumbra pude contemplar las dos orillas de Estambul en todo su esplendor: un complejo mosaico de mezquitas, palacios y otras elegantes construcciones, intercalados por tejados de tejas rojas, edificios de pisos, palmeras, tiendas y cafeterías. Pasamos deslizándonos bajo el puente del Bósforo y continuamos rumbo al norte. Vi unas casas de madera con fachadas llenas de detalles —que, según me explicó Ahmet, se llamaban *yalis*: casas de veraneo de los ricos—, construidas al borde de la orilla como si estuvieran flotando en lugar de estar ancladas en tierra. A cada minuto que pasaba, el cielo adquiría un tono azul oscuro más profundo, hasta que la luna llena adoptó la forma de una perla gigantesca colgando sobre un estanque de tinta negra. Su luz se reflejaba en la superficie, y Ahmet redujo aún más la marcha. Noté cómo la embarcación cabeceaba dejándose llevar por el amable ritmo de la corriente.

—Es especial este lugar, ¿verdad? —dijo Ahmet.

Asentí con la cabeza.

—No parece real —comenté.

—Aunque es tan difícil decir qué es real y qué no lo es, ¿verdad? —prosiguió Ahmet.

—Supongo.

No era el tipo de pensamiento al que le dedicara mucho tiempo. Me dirigí a popa y miré hacia la ciudad que iba desapareciendo.

—¿Sabías —empezó a decir Ahmet— que un estrecho no es como un río? El agua no fluye en una sola dirección.

Me volví hacia Ahmet y negué con la cabeza.

—No —confirmó él—. No es para nada como un río. El agua entra y sale impulsada por las mareas. Al igual que Europa y Asia se encuentran aquí, en este punto, las aguas de dos mares, las del Mármara y las del mar Negro, se juntan también aquí y se mezclan. Y, aun así, esto no es exactamente lo que parece.

—¿A qué te refieres? —pregunté.

—Hace un par de años recibimos la visita de científicos especializados en el tema procedentes de Inglaterra, Canadá y Turquía que estudiaron el fenómeno —me explicó Ahmet—. ¿Y sabes lo que descubrieron?

Ahmet había seguido con la vista al frente mientras llevaba el timón, pero en ese momento se volvió para mirarme. Yo me encogí de hombros y sacudí la cabeza.

—Por el fondo de este estrecho discurre un río subterráneo. Agua, barro y sedimentos, todo más pesado que el agua salada de la superficie, que fluye desde el mar de Mármara y penetra en el mar Negro.

—¿Un río subterráneo? —dije—. ¡Qué curioso!

—Eso hace que uno se dé cuenta de lo complicadas que son las cosas. De que no siempre suelen ser tan simples como parecen.

Había rodeado la embarcación y me había situado junto a Ahmet en un asiento ubicado junto a la cabina del timón. Ambos permanecimos en silencio durante varios minutos. Luego Ahmet se recostó en su asiento.

—Hemos pasado la mayor parte del día juntos —comentó, pensativo—. Pero, en realidad, no nos conocemos mucho. Del primo de mi querido amigo Julian solo sé esto: eres ingeniero electrónico, estás casado y tienes un hijo de seis años. Pero ¿quién eres en realidad?

No tenía respuesta para eso. Ahmet se quedó mirándome inexpresivo y luego sonrió.

—Y en mi caso pasa lo mismo —dijo—. Durante la cena te he dicho que era un empresario de sesenta años. Que soy viudo y tengo cuatro hijos ya mayores. Pero ¿me conoces en realidad?

—Supongo que es una forma de empezar —respondí—. Bueno, quiero decir, podría preguntarte más cosas sobre tu empresa o sobre tus hijos.

—Pero nos llevaría mucho tiempo llegar a conocernos realmente, ¿verdad?

—Sí, supongo que sí.

—Así es como suele ocurrir. Pero imaginemos que empezamos nuestras conversaciones hablando de otras cosas. ¿Y si te contara que mi vida está en el agua? Desde que era muy pequeño, lo único que quería hacer en la vida era trabajar en el agua o cerca de ella. Mi madre me decía que, de niño, solo estaba relajado cuando me daba un baño. El agua, pescar, nadar. Barcos, barcos, barcos. No tenía ninguna duda sobre lo que quería ser de mayor. Cuando no estoy a bordo de una de mis embarcaciones, siempre siento una extraña inquietud. Algunas veces fue difícil para mi mujer y mis hijos. Pero los mejores momentos que hemos pasado juntos han sido cerca del mar o en el barco. Es como si fuera el lugar donde todos podíamos ser nosotros mismos. Siempre he necesitado estar en el agua: para pensar, para entender verdaderamente el mundo y mi vida. Fue en este mismo barco donde decidí que Kaniz era la mujer con quien quería casarme. Fue aquí donde he hecho todos mis planes y donde he tomado las decisiones más importantes. —Ahmet giró suavemente el timón—. Creo que si hubiera empezado contándote esto podrías haberme entendido mejor.

—Supongo que la mayoría de las cosas que entendemos sobre la gente son solo superficiales —comenté.

—Sí —dijo Ahmet asintiendo con la cabeza—. Y eso es lo triste. —Guardó silencio durante un rato—. Aunque no es lo más triste —prosiguió en tono reflexivo—. Lo más

triste es que, a menudo, también es lo único que entendemos sobre nosotros mismos, que a menudo vivimos la vida
de los demás, en lugar de la nuestra.

Es difícil saber cuánto tiempo estuvimos exactamente
en el Bósforo. El agua fosforescente, la luz brillante de la
luna, el hipnótico ronroneo del motor hicieron que el viaje
pareciese un sueño, un instante al margen del tiempo. Pero
entonces Ahmet giró el timón y me indicó unos puntos de
luz en la distancia, sobre la orilla de la costa asiática.

—Anadolu Kavaği —dijo señalando hacia delante—.
Desde aquí no se ve, pero allá arriba, en lo alto de la colina,
están las ruinas del Castillo Genovés. Datan del siglo XIV.
Mi casita está del otro lado, en la parte sur de la aldea, en la
costa.

No tardamos mucho en amarrar la barca y subir al pequeño coche que Ahmet había aparcado en el muelle para
ir hasta su casa del pueblo. La vivienda no se parecía en
nada al piso impersonal que tenía en la ciudad. El suelo era
de baldosas de terracota, el yeso irregular de las paredes y
las robustas vigas de madera del techo albergaban ecos de
un pasado lejano. Las baldas sin vitrina de la cocina estaban
abarrotadas de pesada loza y utensilios de cocina de latón.
Aquí y allá había pequeños objetos decorados con teselas y
piezas de cristal de intensos colores, aunque las persianas
de mimbre de la ventana y los mantelitos desvaídos sobre
los muebles tenían los colores apagados del paso del tiempo. Ahmet llevó mi mochila a una pequeña habitación. Me
señaló una cama también pequeña, individual, con un ca-
bezal de madera tallada a mano apoyado contra la pared.

—Aquí es donde dormía con mis dos hermanos pequeños —dijo Ahmet entre risas. Dejó mi equipaje a los pies
de la cama y volvió a llevarme al comedor—. ¿Nos sentamos fuera un rato? —preguntó.

Nos pusimos un jersey y salimos al pequeño patio de piedra con vistas al Bósforo, iluminado por la luz de la luna.
Ahmet me contó más cosas sobre su lugar favorito, el agua.

—Dicen que el mar Negro era un lago de agua dulce.
Hace miles y miles de años hubo una tremenda inundación, el Mediterráneo penetró en el estrecho del Bósforo
en este lugar y convirtió el mar Negro en un océano de
agua salada.

—Y el río subterráneo... ¿Crees que podría ser un vesti-
gio de aquella inundación? —le pregunté.

—Eso es lo que parece, ¿verdad? —dijo Ahmet—. ¿Sabes? Algunas personas creen que la inundación fue aquella
de la que habla la Biblia: el diluvio de Noé.

—¡Venga ya! —exclamé.

—Y el Bósforo también aparece mencionado en la mitología griega. ¿Conoces la historia de Jasón, la del vellocí-
no de oro?

Negué con la cabeza.

—Bueno, pues en la mitología griega, el Bósforo era el
lugar donde se encontraban las Simplégades: unos escollos
que flotaban y entrechocaban aleatoriamente y que hun-
dían las naves que osaban pasar por aquí. Cuando Jasón
navegó por el Bósforo, envió una paloma para que volase
entre las rocas. Los escollos entrechocaron, pero la paloma
solo perdió unas plumas de la cola. Entonces Jasón y los

argonautas avanzaron siguiendo su estela. La popa de la embarcación quedó perforada, pero la nave no se hundió. Tras el paso de Jasón, los escollos dejaron de moverse y los griegos por fin tuvieron acceso al mar Negro.

Sonreí y asentí en silencio. A mi madre le habrían encantado las historias de Ahmet.

—¡Oh, vaya! —exclamó mi anfitrión—. Casi había olvidado el motivo de tu visita. El talismán de Julian. Voy a buscarlo. —Ahmet se levantó a toda prisa y entró en la casa. Regresó tras un par de minutos con un pequeño rectángulo de papel doblado y un pequeño bulto envuelto en seda roja. Me tendió ambos objetos—. Bueno, ahora que ya tienes lo que habías venido a buscar, deberíamos irnos a dormir. Mañana nos levantaremos temprano y regresaremos a Estambul. Puedo llevarte a *Ayasofya*, la basílica de Santa Sofía, antes de acompañarte al aeropuerto. Pero tendrás que prometerme que volverás algún día para poder enseñarte el resto de mi tierra natal.

Accedí encantado y me levanté a regañadientes.

Al regresar a mi habitación, coloqué el bultito rojo en una mesilla de noche redonda que había junto a la cama. Me quedé sentado en el borde de la cama durante un minuto antes de tomar el paquete entre las manos. Con mucho cuidado, desenvolví el terso rectángulo de seda. En el centro había una pequeña moneda de latón. Bueno, no era exactamente una moneda. Era un disco del tamaño de un centavo estadounidense. En una cara tenía el dibujo de un sol, cuyos rayos brotaban de un círculo en relieve. En la otra cara había una media luna. Coloqué la moneda sobre la mesilla de noche y tomé el pergamino doblado. Lo desplegué y lo puse en mi regazo. Empecé a leer:

> El poder de la autenticidad
>
> El regalo más importante que podemos hacernos a nosotros mismos es el compromiso de vivir nuestra auténtica vida. Ser sinceros con nosotros mismos, no obstante, no es una tarea fácil. Debemos romper con aquello con lo que la sociedad intenta seducirnos y vivir la vida según nuestros principios, con nuestros propios valores y en consonancia con nuestros sueños primigenios. Debemos despertar a ese yo oculto; explorar los anhelos más profundos, más invisibles, las habilidades y debilidades que nos hacen ser quienes somos. Debemos entender dónde hemos estado y adónde vamos. Cada decisión que tomemos, cada paso que demos, debe estar investido de ese compromiso de vivir la vida siendo sinceros y coherentes con nuestro yo auténtico y solo con ese yo. Y, a medida que avancemos, tendremos la certeza de experimentar una fortuna que irá más allá de cualquier riqueza jamás imaginada.

Volví a coger mi mochila y, del fondo, saqué a tientas el cuaderno que Julian me había entregado. Luego envolví el pergamino en la tela y dejé de nuevo el cuaderno en la mochila. Tomé el talismán entre las manos y lo hice girar varias veces. Me saqué la bolsita de cuero del bolsillo y guardé el disco dentro antes de retirar la colcha de la cama y meterme dentro.

A la mañana siguiente me desperté y me di cuenta de que no había movido ni un solo músculo en toda la noche. Había dormido profundamente, como solo recuerdo haber hecho en vacaciones. Cuando entré arrastrando los pies en la cocina, el maravilloso aroma a café turco, acre y negro, inundó mis fosas nasales. Ahmet me sirvió un yogur espeso y trozos de fruta con una taza de café; luego salimos a la calle, a la aldea de aceras adoquinadas y al agua, una vez más.

Tras embarcar, Ahmet encendió el motor y, con delicadeza, sacó la embarcación del muelle. En cuanto estuvimos en mar abierto, aceleró. Avanzábamos más rápido que la noche anterior, aunque no era lo único que había cambiado radicalmente.

A pesar de ser muy temprano, el sol brillaba con intensidad en el cielo. Las aldeas, las verdes colinas, el agua... todo parecía reluciente y deslumbrante, intenso y vibrante. Resultaba asombroso, pero el aire de ensoñación y misterio de la noche se habían evaporado.

—Se ve todo tan distinto... —le dije a Ahmet—. Bonito, pero distinto.

—Sí —dijo Ahmet, pensativo—. A mí también me lo parece muchas veces. La noche oculta muchas cosas, pero revela otras.

—También ocurre en las ciudades —añadí—. Algunas parecen mágicas de noche, pero aburridas durante el día.

—Aunque ambas versiones son reales. —Ahmet hizo

una pausa y luego añadió—: Supongo que por eso no es muy buena idea juzgar las cosas de forma demasiado precipitada. Cuesta mucho tiempo llegar a conocer realmente los lugares, a las personas, incluso a nosotros mismos.

El barco navegaba emitiendo su ronroneo mientras las aves marinas nos rodeaban y nos sobrevolaban. Por delante de nosotros vi a dos hombres lanzando una red desde un barco pesquero. Un joven se apartó de la multitud reunida en el muelle y nos saludó enérgicamente con la mano. Durante un segundo tuve la sensación de haber viajado ya por estas orillas, aunque era la primera vez que me fijaba bien en ellas.

—Sí —dije a mi nuevo amigo Ahmet—. Sí, empiezo a entender lo ciertas que son esas palabras.

CAPÍTULO 4

Durante mi estancia en Estambul había tenido momentos en los que me sentía como el personaje de una película. Como si estuviera viendo el mundo a través de una cámara, como si todas las palabras que salieran de mi boca las hubiera escrito otra persona. Resultaba desconcertante, aunque renovador al mismo tiempo; como si el mundo estuviera lleno de posibilidades. Esa noche, navegando por el Bósforo, con la luna en lo alto y el agua a mis pies... No creo que me haya sentido tan maravillado desde que era niño. Julian había dicho que lo importante en la vida era lo que uno «llega a ser». Empezaba a creerlo.

Sin embargo, allí, sentado en el aeropuerto de Atatürk, ese Estambul se alejaba a toda prisa por el espejo retrovisor. Había apagado el teléfono la tarde del día anterior y, hasta ese momento, había olvidado encenderlo. Tras emitir el característico sonido de encendido, en la pantalla del móvil apareció el símbolo de buzón lleno con asuntos del tipo: «Solicitud urgente de entrega»; «Pregunta de control de calidad»; «Fallo en el XD95»; «¡Hay que entregar el informe mensual de contabilidad!»; «¿Dónde narices estás?». Vi que había varios mensajes de Nawang, y los leí primero. Parecía que los controles de calidad iniciales habían ido bien. Luego leí los de David. Me pedía informes que ya le había entregado, información que ya había compartido. ¿Cuánto tiempo había invertido reenviando cosas, repitiéndome, redactando documentos y mensajes que nadie se molestaba jamás en leer (pero que sin embargo debían entregarse a tiempo, cada mes, cada semana)? Pasaron cuarenta minutos antes de que pudiera leer los mensajes de Annisha y Adam. Annisha quería saber si había llegado bien a Estambul. ¡Vaya! Tendría que haberla llamado para contárselo al llegar. Adam quería hablarme de la obra de teatro del cole. Tecleé rápidamente las respuestas y luego llamé al despacho, con la esperanza de encontrar a Nawang.

Cuando me condujeron a mi asiento del avión como si fuera parte de un rebaño, estaba de nuevo totalmente inmerso en mi mundo. No podía seguir ignorando mi trabajo, mi vida, cada vez que aterrizase en un nuevo sitio. Y si mi buzón no estaba lleno la próxima vez que encendiera el teléfono, ¿qué significaría eso? No podía ser nada bueno. Saqué un par de cosas de mi equipaje de mano y luego luché por volverlo a meter en el compartimiento de encima de mi asiento. Oí los bufidos y resoplidos del tipo que tenía sentado detrás. Ya había un bebé llorando al fondo del avión. Apreté los dientes y suspiré. Mientras me esforzaba por acomodarme en el diminuto asiento que te venden como plaza de avión en las compañías aéreas actuales, sentí que se me tensaban los músculos del cuello. El saquito de cuero que Julian me había dado para guardar los talismanes tenía un largo cordón también de piel. Me lo había colgado al cuello pensando que sería menos probable perderlo. Pero sentía cómo se me estaba clavando el cordón en la carne. El saquito pesaba demasiado para lo que contenía. Demasiado para los pequeños objetos que almacenaba. Enderecé el asiento y me saqué la bolsita de debajo de la camisa. Extraje la pequeña moneda y la hice girar. El sol y la luna. El yin y el yang. El cielo y la tierra. Lo oculto y lo revelado. La metí en el saquito y me lo guardé debajo de la camisa.

Entonces saqué el cuaderno del bolsillo de la chaqueta. La nota de Julian sobre la autenticidad estaba dentro. No había vuelto a pensar en ella desde que la había leído. En Estambul tuve la sensación de no estar viviendo mi vida. Tal vez sea más exacto decir que estaba fuera de mi vida, contemplándola como lo haría un desconocido. Ahora me preguntaba si lo que veía era real. ¿Qué era mi «auténtico» yo? ¿Quién era yo en realidad? Recordé la conversación con Ahmet en el barco. Le había contado que era ingeniero electrónico. Esposo. Padre. Todas esas cosas eran ciertas, pero se podían decir también de otros miles de hombres. ¿Cómo me describiría a mí mismo si no pudiera recurrir a esas tres etiquetas?

Desplegué la bandejita del respaldo y coloqué encima el cuaderno abierto. Como ya he dicho, nunca había sido la clase de persona que dedicaba mucho tiempo a pensar en sí misma. Sobre todo porque no le veía el sentido.

Saqué una estilográfica del bolsillo y en la cabecera de la primera página escribí: «¿Quién soy?». Me sentí idiota.

Me quedé mirando la página en blanco hasta que la azafata interrumpió mis pensamientos para ofrecerme una bebida. Me sirvió con una sonrisa de oreja a oreja y siguió avanzando por el pasillo. Tomé un sorbo de café, estuve a punto de cerrar el cuaderno, pero me detuve en seco. Era ridículo. Debía ser capaz de responder la pregunta que yo mismo me había planteado.

Pero incluso después de haberme terminado el café, seguía mirando la página en blanco. El vuelo duró casi cuatro horas. Me había prometido a mí mismo escribir algo antes de llegar. Quizá, aunque no pudiera describir mi yo «auténtico», podía pensar en momentos de mi vida en que hubiera sentido que realmente sabía quién era, cuando había sido consciente de mi existencia, cuando había sentido que estaba viviendo como quería más que del modo en que los demás me sugerían.

Lo primero que escribí fue «la hora del cuento». Parecía un momento raro para destacar, porque no era un instante único ni algo que hubiera ocurrido una sola vez. Además, correspondía a una época muy lejana de mi vida. Durante toda mi infancia, tuvimos un ritual familiar. En cuanto la cena y el baño ya estaban listos, mi madre nos llevaba a mi hermana y a mí a la habitación. Los tres nos metíamos en la cama y mi madre empezaba a leer. Mientras era pequeño fueron cuentos ilustrados. Más adelante fueron relatos breves, y al final, voluminosos tomos, como *Secuestrado* o *Los viajes de Gulliver*. Mantuvimos aquella tradición durante más tiempo del que me hubiera atrevido a confesar ante cualquiera de mis amigos. Sin embargo, esos momentos se convirtieron en una suerte de piedra angular en mi vida. No importaba qué hubiera ocurrido durante el día, ni el lío en que me hubiera metido, ni por qué nos hubiéramos peleado Kira y yo, ni los problemas que tuviera en el colegio... A esa hora, en la cama, de noche, la dulce voz de mi madre vibrando en el aire, el ruido que hacía mi padre en la cocina del piso de abajo mientras recogía los platos de la cena, los suspiros de satisfacción de mi hermana que llenaban las pausas... todo era perfecto. Entonces sabía quién era yo y a qué lugar pertenecía.

A continuación rememoré un momento más concreto. «De excursión con Annisha en las Rocosas», escribí. Fue justo antes de casarnos. Al subir por el camino de los lagos Grassi, cerca de Canmore, un pueblecito al oeste de Canadá, habíamos cruzado un pequeño arroyo. Annisha iba detrás; yo le tendí una mano para ayudarla a cruzar. Cuando llegamos a final del camino contemplamos el paisaje que nos rodeaba, las montañas que nos envolvían. Entonces miré a Annisha. Recuerdo con total nitidez la sobrecogedora sensación de que aquel lugar increíble era el lugar exacto donde quería estar, justo donde debía encontrarme en ese preciso instante.

Claro está que, en aquel momento, no podía imaginar la intensa sensación que me embargó el día que nació Adam. Ese fue mi tercer momento. Recuerdo haber pensado, mientras sostenía a Adam entre mis brazos, mientras Annisha dormía en la cama del hospital, que mi lugar en el universo había quedado definido para siempre por aquel pequeño bebé. Era padre. Y siempre lo sería. Aquello me inspiraba una seguridad aleccionadora y al mismo tiempo reconfortante.

Al final escribí: «Prueba en circuito cerrado del sistema de inyección de combustible». Parecía un momento profesional demasiado técnico para ser evocado justo después del nacimiento de Adam, pero fue lo que me salió. Se trataba del primer proyecto independiente que había completado en el trabajo. Juan me había pedido que intentase desarrollar un nuevo sistema de inyección de gasolina.

—No te limites a hacerle pequeños ajustes a los diseños anteriores —me dijo—. Me has hablado sobre hacer las cosas de otra manera. Pues hazlo. Empieza desde cero. Vuelve a pensarlo todo.

Trabajé durante meses en aquel diseño. Pero no me lo pareció. Me sentaba en mi mesa por la mañana y apenas me movía hasta las seis de la tarde. Bajaba del coche por la noche, me quedaba en el camino de entrada de casa y no sabía cómo había llegado hasta allí. Estaba absorto en mis ideas, sobrecargado de energía. Me levantaba por las mañanas impaciente por llegar a la empresa.

Cuando al final presenté mis diseños y esquemas a Juan, él se quedó mirándome con expresión pensativa.

—Bueno —me dijo—. Solo hay una forma de saber si esto funcionará o no. Vamos a construirlo.

Y así lo hicimos. Luego lo probamos. Por último lo montamos en un vehículo. Y condujimos ese coche. No dormí nada la noche anterior. Al ver el coche correr a toda velocidad por la pista de pruebas, el corazón me latía con tanta fuerza que prácticamente podía oír los latidos, como el tictac de un reloj de pared.

Cuatro cosas. Era suficiente por un día. Cerré el cuaderno y me lo guardé en el bolsillo. Recliné mi asiento hasta el máximo, cerré los ojos e intenté dormir.

En cuanto entré a la terminal del aeropuerto Charles de Gaulle, se me aceleró el pulso. La cola de la aduana parecía interminable y la espera de la maleta se me hizo eterna. Cuando salí a toda prisa por las puertas de cristal delante de la parada de taxis, corrí hacia el primero que vi como un niño hacia el camión de los helados. Me encanta París y estaba impaciente por recorrer sus calles.

Pero el viaje hasta la ciudad fue lento. Eran las seis de la tarde, la autopista estaba muy congestionada. A diferencia de lo que había sentido al llegar a Estambul, el ambiente parisino me resultaba extrañamente familiar. Estaba rodeado por personas que iban del trabajo a casa: conductores que miraban a la carretera prestando atención solo a medias, con la cabeza llena de pensamientos sobre el día; lo que habían conseguido y lo que tendrían que hacer al día siguiente. Ese podría haber sido yo, solo que en la otra punta del planeta. En lugar de sentirme así, allí estaba, como pasajero, avanzando a duras penas por un paisaje conocido aunque extranjero. El muro de enormes edificios grises de las afueras que flanqueaban la autopista me hizo pensar que, en una ciudad con millones de habitantes, no conocía a nadie.

Julian me había dicho que me alojaría en un hotel de los Campos Elíseos. Sin embargo, no quise bajar del taxi cuando este llegó a la puerta del hotel. Estuve a punto de decir al conductor que siguiera y no parase. Nada me tentaba más en ese momento que la idea de recorrer en coche las calles de París hasta la puesta de sol, con el parpadeo de las luces de la torre Eiffel de fondo, visibles desde todos los lugares a los que fuéramos. Pero Julian me había dicho que me reuniría con un hombre llamado Antoine Gaucher, aunque no podía decirme cuándo exactamente. Me dijo que Antoine dejaría una carta para mí en recepción, en ella me indicaría dónde encontrarme con él, y supuse que Antoine ya estaría esperándome. Al fin y al cabo, Julian había comentando: «Antoine es un tipo interesante. Puede ser un encuentro peculiar».

Mientras el taxi se alejaba por los Campos Elíseos, yo crucé las puertas del hotel. El vestíbulo estaba abarrotado. Decenas de personas con traje de negocios, con carteles con su nombre colgando del cuello, formaban cola delante de la recepción, sin contar con las que estaban reunidas en grupos repartidos por todo el vestíbulo. Delante del mostrador del conserje había una niña pequeña sentada sobre una maleta, llorando. Una mujer de aspecto ojeroso se acercó a ella y rebuscó algo en su bolso. El vestíbulo era un barullo de gritos, risas, cuchicheos y lágrimas.

Supongo que el vuelo, el viaje desde el aeropuerto y todo el alboroto me habían agotado, porque, cuando por fin llegué al mostrador de recepción, ya no pensaba en las deslumbrantes luces de París, sino en la silla de una cafetería y en una bebida más bien fuerte.

Cuando la recepcionista me pasó la tarjeta para abrir la habitación y me dijo:

—Habitación 1132.

Yo contesté de golpe:

—No, de eso nada —espeté. Ni siquiera intenté hablar en francés—. Nada que esté por encima del cuarto piso.

La recepcionista me miró con gesto interrogante.

—No puedo... —empecé a decir, y me detuve. No quería darle explicaciones.

¿Que quién era el auténtico yo? Bueno, pues he aquí una parte del auténtico yo. Soy claustrofóbico; me quedo petrificado en los espacios reducidos y llenos de gente. Por ello, los ascensores para mí representan todo un desafío. No lo sabe mucha gente, pero por eso he hecho que todo el mundo crea que mi afición por subir escaleras es parte de mi dedicación a un estilo sano de vida. Juan empezó a llamarme «Rey de la escalera» desde que subí a pie hasta una planta decimoctava, a una suite de cortesía donde se celebraba una convención del sector de la automoción. Aunque la realidad es que prefería presentarme sudoroso y agotado ante mis compañeros que con un ataque de pánico.

A la recepcionista le costó unos minutos encontrar una habitación en la cuarta planta. Antes de alejarme del mostrador, la mujer me pasó, deslizándolo por la superficie, un pequeño sobre junto con la tarjeta para abrir la habitación.

Tenía que ser de Antoine; me lo metí en el bolsillo. Pedí al botones que me subiera el equipaje y me dirigí hacia la escalera.

En cuanto llegué a mi habitación, me quité los zapatos y me dejé caer sobre la cama. Me tumbé y saqué el sobre del bolsillo. Contenía una sola hoja con esta breve anotación: «Antoine Gaucher, archivista —decía—. Catacumbas de París, 1, avenue du Colonel Henri Rol-Tanguy. Reúnase conmigo en mi lugar de trabajo, *s'il vous plaît*. Miércoles, a las 17.30, cuando cierre el museo».

Estaba claro que Antoine no era un tipo muy hablador.

El miércoles... eso era al día siguiente. Tenía todo el día en París para mí solo. Mi primera reacción fue de alegría. Un día entero para pasear sin rumbo por una de las ciudades más espectaculares del planeta. ¿Dónde iría? ¿A Notre Dame? ¿A Le Marais? ¿A Montmartre? ¿Al Louvre? Pero empezó a obsesionarme otra idea que borró de mi imaginación esos lugares. Un día entero. Me saqué el móvil del bolsillo. Llevaba dos días fuera y todavía me quedaban otros ocho talismanes por recoger. A ese ritmo, ¿cuánto tiempo estaría ausente? Con tres semanas debería bastar, aunque era un proyecto ambicioso. ¿Y si algo salía mal? Intenté calmar mi respiración, relajar la tensión de mi mandíbula. No podía hacer nada para modificar el tiempo. ¿Por qué preocuparme?, me dije. «Relájate. Relájate. Disfruta la oportunidad que te han dado.» Inspiré profundamente y fui al baño para refrescarme.

Paseando por los Campos Elíseos mientras el sol empezaba a ponerse, me invadió la nostalgia. París era un lugar para visitarlo en compañía de alguien. Miraba a las parejas que paseaban cogidas de la mano, a hombres y mujeres abrazados mientras tomaban algo sentados en las terrazas de los cafés. Si Annisha estuviera allí... Si Annisha estuviera allí, habríamos hablado sobre nuestra relación. ¿Qué había salido mal, cómo estaba desengañando a Annisha, decepcionando a Adam? ¡Maldita sea! La magia de París estaba evaporándose. Tenía que cambiar de chip. ¿Cómo habría sido estar aquí con Tessa? Eso estaba mejor. El romanticismo de lo desconocido.

Me adentré por un tramo del parque antes de dar media vuelta y regresar a la amplia avenida. Vi la maravillosa silueta del arco del Triunfo en la distancia. Me detuve en uno de los pequeños *bistros* para cenar. Estaba hambriento. Pedí una ensalada y una jarra de vino tinto. Pato de segundo, y luego una selección de quesos de postre. Eso sí que era comer.

El *bistro* estaba lleno hasta los topes. Intenté escuchar las conversaciones de las personas que tenía a mi alrededor. Una madre y una hija que claramente estaban de vacaciones. ¿Qué harían al día siguiente? ¿Comprar o coger el tren a Versalles? Unos hombres de negocios hablaban sobre una presentación que tenían a final de semana. Una pareja conversaba sobre las malas pulgas del perro del vecino.

Me tomé mi tiempo para degustar la tabla de quesos, luego pagué la cuenta y volví a adentrarme en la noche. El sol se había puesto y la ciudad de la luz estaba... encendida. Recorrí la avenida del arco del Triunfo y subí los aproximadamente trescientos escalones, hasta el punto más alto. No iba a subir a la torre Eiffel (por los ascensores), así que aquella era la mejor forma de contemplar la ciudad. Una vez arriba, me paseé por el mirador para tener una panorámica general. Al oeste estaba la deslumbrante torre Eiffel. Los coches particulares y los taxis se abrían paso con sus luces parpadeantes por las calles que salían en forma radial desde la place de l'Étoile. Figuras diminutas se movían por las aceras, entraban a las tiendas y salían de los comercios y los portales. Había tantas personas, tantas vidas... Todas distintas, todas en movimiento y continuo cambio. ¿Todas esas almas estaban viviendo su «auténtica» vida? Y si no lo hacían, ¿lo sabían?

Seguía sin saber con certeza cuál era mi auténtica vida, pero tenía la sospecha de que no estaba viviéndola. De haberlo hecho, ¿habría tenido tantas cosas en las que evitar pensar tantas veces? ¿En Annisha? ¿En mi padre? ¿En Juan? De haber estado viviendo mi auténtica vida, ¿no me habría sentido más veces mucho más feliz? Me volví para bajar de nuevo por la escalera. Un tramo tras otro, iba topándome con las frías y silenciosas murallas de piedra. Con cada giro descrito por la escalera sentía que me faltaba la energía. Había sido un día largo. En realidad, varios días largos. Desde mi encuentro con Julian, todo había sido com un torbellino. Mi casa, mi trabajo, me parecían muy distantes ahora. Y las semanas siguientes se me presentaban flanqueadas por gigantescos signos de interrogación. Había llegado la hora de volver a la cama del hotel, la hora de dormir para olvidar.

A la mañana siguiente, cogí el metro hasta el barrio de Marais para ir a una pequeña cafetería que recordaba de alguna visita anterior. Tomé un *café au lait* y un *pain au chocolat*. Mientras estaba sentado en la mesita, saqué el móvil. Respondí un par de mensajes y me metí en internet. Busqué «Catacumbas de París».

Ya había oído hablar de las catacumbas, pero jamás las había visitado. Me parecía una decisión inteligente leer algo sobre ellas en ese momento.

Como muchos pueblos de otros países cristianos, los parisinos enterraban a sus difuntos en el terreno sagrado de los patios de las iglesias. El problema era que, con el paso de los siglos, esos campos santos empezaron a llenarse. Y, por supuesto, a medida que pasaba el tiempo, las poblaciones que vivían en los alrededores de los cementerios iban creciendo. A finales de 1700, las sepulturas estaban abarrotadas a causa de la peste negra, las epidemias, la hambruna y la guerra. Durante décadas, los cadáveres se fueron apilando unos sobre otros, y el barro de los terrenos sepulcrales rezumaba huesos y carne putrefacta. La atmósfera en los alrededores de aquellos lugares era irrespirable; aquel suelo putrefacto empezaba a contaminar el agua y los alimentos. Ratas enfermas invadían las casas y los espacios públicos, y en un episodio especialmente desagradable las paredes del sótano de un restaurante acabaron derrumbándose por la presión ejercida por la podredumbre del cementerio de los Santos Inocentes que estaba al otro lado del local. Cadáveres enteros y huesos sueltos sepultaron las bodegas del restaurante. Leí que un albañil contratado para valorar el desastre contrajo gangrena después de apoyar la mano en los restos de la pared de la bodega.

Ya debía de existir una severa oleada de protesta popular en aquella época, pero, al parecer, fue ese muro derrumbado junto al cementerio de los Santos Inocentes el que llevó al Parlamento a cerrar el campo santo y el que hizo que a un teniente de policía, Alexandre Lenoir, se le ocurriera una solución. Cinco años después del desastre de los Santos Inocentes, funcionarios del gobierno decidieron seguir su sugerencia de que los cuerpos de ese cementerio y otros campos santos de la ciudad fueran trasladados al subsuelo de las canteras de piedra medievales. Se escogieron los túneles situados al sur de las puertas de la ciudad, y los huesos de los cementerios parisinos se exhumaron y se transportaron en complejas procesiones hasta el osario que acababan de consagrar. No había forma de conservar los esqueletos intactos, así que, en lugar de hacerlo, se decidió clasificar los huesos por tipos y apilarlos en las paredes del túnel señalándolos con placas recuperadas de las tumbas originales. Las catacumbas, según leí, albergaban los restos de seis millones de personas.

Mientras leía, miré un par de fotos y me alivió ver que Antoine me había citado en las catacumbas cuando ya estaban cerradas, así que no había manera de que hiciéramos una visita. Ya era lo suficientemente horrible tener que pasar el rato rodeado de montones de huesos, para encima meterme en túneles angostos y oscuros... Me mareaba solo de imaginarlo.

Después de desayunar di un paseo por las calles. El sol de mediodía era intenso, irradiaba su calor desde un cielo despejado de primavera. La luminosidad y el ambiente cálido me recordaron al talismán de la «autenticidad», la pequeña moneda con el sol y la luna. Se suponía que tenía una especie de poder restaurador. ¿Cómo funcionaba exactamente? ¿Te ayudaba a convertirte en tu verdadero yo? Y, de ser así, ¿por qué era curativo? Mientras paseaba, miraba los rostros de los transeúntes. Se me ocurrió un juego: intentar averiguar si las personas con las que me cruzaba estaban viviendo o no su auténtica vida. Un hombre alto que tenía la nariz hundida en una guía de París; no. El niño pequeño agarrado a su perrito de peluche; auténtico. El camarero de mediana edad que estaba en la puerta del pequeño *bistro*, fumándose un cigarrillo y con el ceño fruncido; no. La mujer que colocaba toda una serie de bufandas de colores llamativos en un escaparate; auténtica. Seguí jugando durante varias manzanas antes de preguntarme por qué habría llegado a aquellas conclusiones. Se me ocurrió que me había fijado en cierto rasgo de satisfacción reflejado en los rostros de las personas que creía que estaban viviendo una vida «real», en comparación con las caras de la gente que se había construido una existencia artificial tras dejarse convencer por la sociedad para que lo hicieran. En las personas auténticas vi una mirada que sugería que estaban seguros de quiénes eran, de lo que les importaba y de para qué servían sus días. ¿Quién más tenía esa mirada? Creo que mi madre y mi padre la tenían. Quizá no sea más que la suposición de un crío, pero incluso cuando se quejaban porque la casa se nos quedaba pequeña o porque el coche estaba hecho una tartana, no parecían preocupados; en realidad, siempre estaban profundamente satisfechos. Eso me sacaba de quicio. Pensé en un par de amigos, y luego me vino a la memoria la cara de Juan. No el Juan de los últimos años, sino el Juan que había conocido la primera vez que atravesé las puertas de la empresa.

Juan debía de tener cuarenta y pocos cuando lo conocí, pero poseía la expresión de sabiduría y entusiasmo de un viejo académico. Durante mi entrevista con él, se había mostrado distraído, incluso indiferente; por eso me sorprendió cuando me llamó para ofrecerme el puesto. Le confesé que, durante la entrevista, había visto cómo él estaba inmerso en sus pensamientos. Según me confesó, había quedado tan impresionado por mis pruebas de aptitud, por mi experiencia laboral previa y por mis comentarios durante la presentación que ya estaba pensando en qué proyectos me asignaría. Sin embargo, el primer día fui recibido por un Juan totalmente entregado.

—¡Ahí está! —anunció cuando entré por la puerta—. Acercaos —dijo a las personas que estaban desperdigadas por el laboratorio—. Venid a conocer al nuevo miembro de nuestro equipo: el joven aunque impresionante Jonathan Landry.

Se hicieron las presentaciones pertinentes, y hubo una visita seguida por una comida de equipo en un económico restaurante de menú. Juan me hizo empezar enseguida, trabajando en la repetición de un diseño. Pasé la tarde con la nariz pegada a una pantalla de ordenador, totalmente entregado a mi tarea y con la intensa sensación de que debía triunfar. A las cinco en punto noté que alguien me ponía la mano sobre el hombro. Levanté la vista y vi a Juan sonriéndome.

—Yo diría que ha sido un primer día bastante agotador, ¿no crees? —dijo—. A mí me queda algo de papeleo todavía, pero tú deberías irte a casa. Buen trabajo.

No me daba la impresión de haber conseguido ningún logro, pero la confianza que Juan parecía tener depositada en mí resultaba reconfortante. Inspiré hondo, guardé mi trabajo y apagué el ordenador.

Toda la semana fue así. Me sentaba al ordenador, me concentraba muchísimo y, justo cuando se me empezaba a cargar la espalda o empezaba a notar la latencia de una jaqueca en las sienes, Juan se presentaba a mi lado y me preguntaba que cómo me iba, o me hacía una sugerencia o, incluso, en una ocasión, me sugirió que me tomara un descanso. Sin embargo, a pesar de todo aquel apoyo, conseguí meter la pata antes de que terminase mi primer mes en la empresa: un error de cálculo imperdonable que hizo que los planos del diseño fueran rechazados. El jefe de Juan se había presentado en el laboratorio y había entrado agitando un montón de papeles.

—¿Quién ha hecho esto? —exigió saber.

Juan apareció enseguida, agarró los papeles y les echó un vistazo rápido.

—Lo siento mucho, Karl —respondió—. Ya veo que hemos cometido un error. Me aseguraré de que recibas los planos corregidos al final del día. —Karl se quedó allí durante un rato y lanzó una mirada suspicaz en mi dirección—. Ha sido un error mío —dijo Juan, y se dirigió hacia la puerta en un claro intento de que Karl saliera del laboratorio—. Pero es algo que se arregla deprisa. Nos pondremos manos a la obra ahora mismo.

Cuando Karl se alejaba por el pasillo, Juan se acercó a mi puesto de trabajo.

—Esto nos demuestra que nunca se es demasiado cuidadoso con el trabajo —dijo mientras me colocaba el informe delante—. Pero que no te asuste cometer errores —añadió—. Es la forma de aprender.

Así era, en pocas palabras, Juan. Ni me culpó a mí ni al tipo que había revisado mi trabajo antes de entregarlo. Tranquilo y filosófico. Siempre optimista. Apoyando a todos los que trabajaban para él. Sacaba lo mejor de nosotros. Yo creía sinceramente en esa forma de proceder.

En ese momento no podría haber imaginado que, ocho años más tarde, Juan ya no estaría. Y antes de que desapareciese definitivamente, lo único que quedaba de él era una sombra agobiada y víctima del acoso laboral. Caminaba con los hombros caídos, la expresión tensa, y el pelo se le había encanecido de la noche a la mañana. Jamás volvería a trabajar para él, y lo que fue peor aún, jamás volvería a hablar con él.

La aparición del Sena interrumpió mis pensamientos sobre Juan. Había llegado al puente de Notre Dame. Lo crucé y paseé por las calles hasta llegar a la catedral. Me quedé en la entrada de aquel maravilloso pórtico durante un buen rato, ante esa fachada de piedra plagada de santos y gárgolas, la roseta con la vidriera que proyectaba sus coloridos destellos al ser iluminada por el sol. ¡Qué obra tan imponente! Era una creación que nos daba una lección de humildad. Saqué el móvil e hice un par de fotos para enseñárselas a Adam al volver a casa. Entonces entré.

Pasé lo que quedaba de día caminando por la ciudad, entrando y saliendo del metro, visitando los lugares turísticos, explorando las calles del barrio latino. A última hora de la tarde hice una pausa para descansar en un *bistro* llamado Les Deux Magots, cerca del boulevard Saint-Germain. El cielo se había encapotado, pero aun así, escogí una mesita en la terraza. Pedí un *citron pressé* y me recosté en la silla de mimbre. Tomé con una mano el saquito que llevaba colgado bajo la camisa y me quedé observando a los transeúntes. Había sido un día agradable, pero en ese momento se me encogió el corazón. Estaba solo y no sabía durante cuánto tiempo iba a estarlo. Quería volver a casa. Adam se quedaría a pasar el fin de semana. Estaría en la empresa rodeado de compañeros durante toda la semana. Quizá me armase de valor para invitar a Tessa a comer, o a cenar. Sería una buena forma de evitar estar solo en mi piso durante un tiempo. Pensar en su melena de rizos negros me arrancó una sonrisa.

Podría haberme quedado allí sentado hasta la puesta

del sol, pero me sonó la alarma del teléfono, recordándome que tenía que estar en las catacumbas en breve. Pagué
la cuenta y, a mi pesar, me dirigí hacia el metro.

Tras un corto recorrido, bajé en la parada de Denfert-
Rochereau y salí a la calle. Di un par de vueltas por el pequeño parque de la place Denfert-Rochereau, en busca de
indicaciones, y al final llegué al edificio de piedra que, según había leído, formaba parte de la antigua Barrière
d'Enfer, la puerta de la ciudad. La estructura baja de color
negro anexa a la edificación de piedra parecía la taquilla
de las catacumbas. Pero la pequeña puerta estaba cerrada
a cal y canto, y no había ni un alma. Llamé y esperé, pero
no hubo respuesta. Volví a llamar; esta vez golpeé con fuerza en la madera oscura. Creí oír unos pasos del otro lado, y
entonces la puerta se abrió lentamente hacia dentro. Un
chico lleno de granos, de unos dieciocho años, se plantó
ante mí.

—¿Antoine? —pregunté, titubeante.

—*Non* —respondió el chico y puso los ojos en blanco—. *Il travaille. Suivez-moi.*

El joven se volvió y entró al edificio; no me quedó más
opción que seguirle. El chico caminaba deprisa y tuve que
apretar el paso para alcanzarlo.

—*Où est...* —empecé a decir con mi limitado francés.

El chico levantó la mano con desgana y repitió:

—*Suivez-moi.*

Tras caminar unos metros, mi guía desapareció a través
de una puerta de piedra. Al llegar al umbral, me percaté,
espantado, de que nos dirigíamos hacia una empinada es-

calera de caracol que descendía. Eran las catacumbas. Iba hacia los túneles. Me dio un vuelco el corazón, sentí que me apretaba el cuello de la camisa, no me llegaba aire a los pulmones. Pero a pesar del pánico creciente, mis pies seguían descendiendo por los estrechos peldaños de piedra; el sonido de las pisadas era solo un poco más alto que el de los latidos de mi corazón. Bajamos, bajamos y seguimos bajando. La cabeza me daba vueltas, los constantes giros de la escalera de caracol empezaban a darme náuseas. No tenía ni idea de hasta dónde bajaríamos, pero al final de la escalera tuve la sensación de estar varios pisos bajo tierra.

Mi silencioso guía caminaba con rapidez por delante de mí, como si a él también le disgustase estar ahí abajo. El túnel era húmedo y la iluminación era muy tenue. Los huesos de seis millones de parisinos estaban sepultados en ese lugar. Pero todavía no había visto ningún esqueleto, y no eran los muertos los que me preocupaban. Era el túnel: los techos bajos, el escaso espacio entre las paredes. Mientras iba a la zaga de mi acompañante, sentía que cada vez me costaba más respirar. Tenía la frente perlada de gotas de sudor, aunque estaba tiritando. Me sobrevenía el mareo en oleadas y me costaba un mundo ir poniendo un pie tras otro. No sabía si podría seguir, pero la idea de no perder de vista al chico que llevaba delante me obligaba a avanzar. Necesitaba distraerme.

Justo en ese momento, pasamos por una pequeña zona de descanso, como un cubículo con mamparas de plexiglás. En su interior habían colocado una desgastada silla de madera y una pequeña mesa con una vela encima. De la pared colgaba una placa con un texto sobre la Segunda Guerra Mundial. Recordé otro dato que había leído ese mismo día sobre las catacumbas. Durante la guerra, los combatientes de la resistencia se habían ocultado en estas redes de intrincados túneles. En realidad, pasaron años ahí abajo.

¿Cómo debió de ser luchar contra el yugo de los nazis? ¿Vivían los combatientes de la resistencia francesa en un estado constante de aprensión y miedo? ¿O su compromiso con la causa, con la justicia, la libertad, los llenaba de valor? Me di cuenta de que ambos sentimientos eran compatibles. El verdadero valor solo puede manifestarse cuando nos enfrentamos al miedo cara a cara; si no estás asustado, ¿cómo van a ser valerosos tus actos?

Pero ¡qué ironía! Viviendo en aquellos espacios pequeños y abarrotados, rodeados de reliquias, testamentos de la inevitable mortalidad, ¿miraban los combatientes los huesos y pensaban que, hicieran lo que hiciesen, todas las personas a las que intentaban salvar acabarían allí? ¿Importaba si retrasaban el sufrimiento humano y las muertes injustas? ¿Hacía eso que algunos de ellos dudaran sobre el sentido de su lucha? ¿Acaso se preguntaban si valía la pena? Los huesos de aquellos túneles pertenecían a personas cuyas vidas habían terminado, algunas con gran contenido y trascendencia y otras vacías. ¿Importaba en realidad cómo hubieran vivido? ¿La forma en que hubiera vivido cualquiera?

Mi guía continuaba girando por delante de mí. Aceleré

un poco, doblé la esquina y me topé con la primera pila de huesos.

A mi pesar, empecé a caminar más despacio. El pánico que sentía había disminuido. Las alargadas e inclinadas paredes estaban recubiertas de huesos: pilas perfectas de fémures, ordenadas estructuras de tibias. Habían armado complicadas y recargadas formas con clavículas y costillas. Justo delante de mí vi una columna de calaveras sonrientes. Pensé en quienes se ocultaron en las catacumbas. Por supuesto que importaba cómo habían vivido esas personas. Los combatientes de la resistencia lo sabían. Debieron de contemplar esos mismos huesos y debieron de darse cuenta de que los horrores del subsuelo no eran nada comparados con los horrores que estaban sucediendo en la superficie, en las calles del París ocupado, de Lodz, de Berlín, de Amsterdam. Todos los combatientes de la resistencia, vivieran donde viviesen, debían de saber que era mejor enfrentarse cara a cara al terror que intentar ignorarlo.

De pronto, el chico se detuvo en la entrada de un nuevo túnel. Estaba separado del que habíamos recorrido hasta allí por una verja de hierro oxidado. El túnel estaba oscuro. Mi guía desplazó la verja hacia un lado y se adentró en la oscuridad. Se detuvo y se volvió para mirarme, y así asegurarse de que estaba siguiéndolo. Abandoné con inseguridad la tenue luz mientras la espalda del chico desaparecía ante mis ojos. Di un par de pasos más. Entonces tropecé con algo. El traqueteo de algún objeto de madera retumbó por todo el espacio; me quedé inmóvil. En ese instante, me envolvió una luz. Mi joven guía había encendido su linterna. De pronto deseé que no lo hubiera hecho. La osamenta ya no estaba dispuesta en truculento orden. Había huesos por todas partes: desparramados por el suelo, a nuestros pies, cayendo en cascada de pilas apoyadas contra la pared. El haz de la linterna hacía visibles las nubes de polvo y los entramados de telas de araña que colgaban del techo.

—*Ça c'est pour vous* —dijo mi guía. Me entregó la linterna. Cuando la cogí, pasó a toda prisa junto a mí.

—¿Cómo...? —exclamé yo.

Antes de poder acabar la pregunta, el chico espetó:

—*Il vous rencontrera ici.*

Desapareció y me dejó solo, a quince metros bajo tierra; era un ser humano solitario perdido en un mar de muertos.

Ahora ya no tenía nada con qué distraerme. A pesar de que se podía respirar sin problemas, tenía la sensación de que los muros del túnel iban a aplastarme. Era como si el techo hubiera empezado a descender; estaba seguro de que, en cualquier momento, se desplomaría sobre mí.

«Esto no es real. Es una ataque de ansiedad», empecé a repetirme. Pero el pánico podía conmigo, amenazaba con vencerme. Deseaba apoyarme contra algo, apuntalarme, pero me daba demasiado miedo tocar los huesos y acabar hundiéndome en ellos.

Después de lo que me parecieron horas, aunque seguramente no fueron más que unos segundos, oí el sonido de unos pasos.

Un hombre bajo apareció entre las sombras.

—*C'est moi, Antoine* —anunció la silueta.

En cuanto lo dijo, empecé a tambalearme.

—*Mon Dieu!* —exclamó Antoine. Me sujetó por el brazo y me sostuvo. Luego avanzó hacia un claro que había entre las pilas de huesos amontonadas junto a la pared. Sacó dos pequeños taburetes plegables, los colocó en mitad del túnel y los desplegó sobre el suelo irregular.

—*Asseyez vous* —dijo—. Siéntese, siéntese.

Antoine debía de tener unos cincuenta años, el pelo rizado y el rostro pálido y arrugado. Llevaba unas gafas de pequeños cristales redondos y algo parecido a una bata de laboratorio de color oscuro. Igual que Ahmet, tenía una expresión amable, aunque con cierto aire a académico.

—Discúlpeme por haberle hecho esperar aquí —se excusó—. Esta noche trabajo en la restauración. —Hizo un gesto vago señalando a su alrededor—. Las estructuras de huesos están desmoronándose. Han sido víctimas del vandalismo. El mantenimiento requiere un esfuerzo constante.

Empezaba a respirar mejor. Lo bueno de mis ataques de pánico es que no duran mucho. Era como si mi cuerpo sencillamente no pudiera suministrar la energía requerida. Me sequé el sudor de la frente y susurré:

—No pasa nada.

Antoine asintió en silencio y sonrió con amabilidad.

—No me sorprende que no le guste estar aquí abajo —dijo—. A la mayoría de las personas no les pasa nada hasta que se vacía el lugar. No les gusta estar a solas con sus pensamientos aquí abajo, como estoy yo a diario. Pero ¿sabe?, se nos quita el miedo haciendo aquellas cosas que nos lo provocan. —Se dio un golpecito en los bolsillos y sacó a tientas una pequeña lata. Levantó la tapa y me ofreció un caramelo. Negué con la cabeza, él se echó una a la boca y volvió a guardarse la lata en el bolsillo—. Cuando era muy pequeño, perdí a mi padre. Todo lo que sabía de él pertenecía al pasado, tal vez de ahí provenga mi interés por la historia, por los archivos. Aunque la imagen de su cuerpo dentro del ataúd me obsesionó durante años. Se me quedó grabada. Cuando me surgió la oportunidad de trabajar aquí, pensé: «No, no, nada de trabajar con huesos, ni con muertos. Es lo último que me interesa». Pero entonces me di cuenta de que debía aceptarlo precisamente porque me daban miedo los muertos. Fue liberador. —Sonrió y señaló el entorno con las manos.

Luego se inclinó para acercarse hacia mí y me miró fijamente.

—¿Se encuentra mejor? —preguntó.

Asentí con la cabeza.

—¡Oh! —exclamó, como si acabara de recordar algo—. Tome. —Me pasó un paquetito y un pergamino rectangular doblado, como el que me había entregado Ahmet en Turquía—. Tengo que seguir trabajando —dijo—. Pero supongo que no le importará que lo deje ahora, ¿verdad?

—Sacudí la cabeza e intenté sonreír, un tanto sorprendido por la brevedad del encuentro para el que había viajado desde tan lejos. Nos quedamos los dos ahí plantados—. Creo que sabrá encontrar el camino de regreso —dijo Antoine. Se dirigió hacia la verja metálica y señaló el túnel débilmente iluminado—. Por allí —me indicó—. Siga el túnel y no tome ninguno de los atajos por las verjas abiertas.

He pedido a Jean que no cerrara la puerta para que usted pueda salir.

Me había guardado en el bolsillo el paquetito y el pergamino.

—Gracias —dije al pasar junto a Antoine—. Gracias.

Mientras avanzaba a toda prisa por el túnel, oí a Antoine gritar:

—Valor, Jonathan. Es la única forma de vivir. Y, recuerde, la valentía no es algo que uno sienta. Es algo que uno demuestra.

Fui avanzando a través de los túneles. La simetría, el ingenio, la intrincada disposición de los huesos era un alivio comparado con el caótico desorden del túnel de Antoine. Si no hubiera estado tan ansioso por salir de aquel espacio cerrado, me habría quedado un rato para apreciar la maestría de las estructuras. Pero, en lugar de eso, iba inspirando profundamente y recordándome que el final del túnel estaba a la vuelta de la esquina, o de la esquina siguiente. Finalmente me encontré al pie de otra escalera de piedra. La subí tan rápido como pude; me dolían un poco las piernas por el ascenso del día anterior al arco del Triunfo. Cuando llegué arriba, salí al exterior aliviado. El aire fresco de la noche fue como una bendición. Inspiré varias veces con ansia antes de caminar por la acera hasta un banco.

Me hundí en el asiento y centré mi atención en el paquete que me había entregado Antoine. Retiré varias capas de pañuelos de papel de color amarillo. En el centro del envoltorio había una diminuta calavera de metal. Tenía las mandíbulas abiertas, como si estuviera sonriendo. O riéndose. Eso me arrancó una sonrisa. Le di la vuelta. Parecía de bronce envejecido o de alguna aleación de acero. Tomé el saquito que llevaba colgado del cuello y guardé el talismán dentro. Luego desplegué con cuidado el pergamino.

El título era: «Acoge tus miedos». Se me escapó la risa. ¡Por supuesto que ese talismán tenía que ver con el miedo! Seguí leyendo:

> Lo que nos retiene en la vida es la arquitectura invisible del miedo. Nos hace permanecer en nuestras zonas de bienestar, que son, en realidad, los lugares menos seguros en los que vivir. De hecho, el mayor riesgo en la vida es el de no correr riesgos. Sin embargo, cada vez que hacemos aquello que tememos, recuperamos la fuerza que nos ha robado el miedo, porque nuestra fuerza reside del otro lado de nuestros temores. No puede haber concesiones. Cada vez que asumimos el malestar que generan el crecimiento y la evolución, nos volvemos más libres. Cuantos más miedos afrontemos, más poder recuperaremos. De esta forma, nos volvemos no solo valientes, sino poderosos, y logramos vivir la vida de nuestros sueños.

Saqué el cuaderno del bolsillo de la chaqueta y guardé el pergamino dentro. Tras volver a colgarme la bolsita de cuero al cuello, me levanté y me dirigí hacia el metro.

Todavía no eran ni las seis y media. Toda la aventura de la catacumba me había llevado menos de una hora. Durante la tarde había recibido un mensaje de Julian en el que me decía que tendría un billete de avión en la terminal del aeropuerto a la mañana siguiente. Disponía de toda la tarde para mí. Decidí regresar al hotel para refrescarme un poco. Luego iría a la place du Trocadéro cruzando el río por la torre Eiffel. Cenaría en un restaurante de la zona y contemplaría las luces de la torre antes de irme a dormir.

Me bajé del metro en la parada de Charles de Gaulle-Étoile y me encaminé hacia los Campos Elíseos. Durante todo el camino de regreso estuve abstraído: pensaba en los momentos en la oscuridad que había vivido en aquel túnel, en el pánico que había sentido y en que había sobrevivido. Al llegar al vestíbulo del hotel, me dirigí hacia el ascensor. Cuando se abrieron las puertas, entré y apreté el cuatro. Miré hacia el vestíbulo, pero no me moví. Las puertas se cerraron lentamente, y el ascensor empezó a subir. Era la primera vez que cogía el ascensor en veinte años. Estaba aterrorizado. Pero me sentía bien.

Capítulo 5

Había intentado localizar varias veces a Julian mientras estaba en París, pero no me contestaba el teléfono. No me había informado sobre mi siguiente destino, ni sobre mi siguiente anfitrión, ni durante cuánto tiempo estaría con él. Apreté los dientes. Merecía alguna explicación, algunos detalles, alguna información. Lo llamé una vez más, pero no recibí respuesta.

Así que a la mañana siguiente, me quedé plantado como un tonto delante del sorprendido empleado del mostrador de embarque de Air France, con los ojos desorbitados y voz de soprano.

—¿Osaka? —pregunté chillando—. ¿Japón? Estás de broma, ¿no?

No sé por qué, pero aquel destino en particular me hizo perder los estribos. Supongo que fue la idea de someter mi cuerpo, ya aturdido por el jet lag, a un vuelo de doce horas. Empezó a dolerme la cabeza solo de pensar en otro lugar en el que nunca había estado, en llegar a otro país donde no conocía a nadie y cuyo idioma desconocía por completo.

Mientras avanzaba arrastrando los pies por el pasillo del avión, me di cuenta, abatido, de que estaba en el asiento de en medio de una fila de tres, en el pasillo central. A un lado tenía a un hombre corpulento que, de inmediato, se adueñó del reposabrazos. Al otro, había una mujer menuda que sacó apresurada un libro del bolso y lo puso sobre la mesita desplegable: era la señal inequívoca e internacional de «No me dirijas la palabra». A mí, plim. No estaba de humor para conversaciones.

Pensé en leer algo o ver una película, pero la cabeza no paraba de darme vueltas: repasaba de forma incesante todo lo que me había pasado durante aquellos últimos días. Y no acababa de encontrarme a gusto. No era solo por el tipo repantigado en el asiento de al lado; ni por la corriente helada que notaba cerca de mi oído derecho, cortesía de los esfuerzos de mi vecina por regular el aire acondicionado de su asiento. La ropa me apretaba y me picaba, tenía la boca seca y, nuevamente, la sensación de que el cordón de piel del saquito se me clavaba en el cuello. No sin cierta dificultad, logré sacármelo de debajo de la camisa. Me lo metí en el bolsillo del pantalón, pero no encontraba una forma de colocarlo de modo que no se me clavara en la cadera. Tenía la mochila enterrada en el compartimiento superior, y no quería guardarlo en el bolsillo del respaldo del asiento de delante. Estaba seguro de que acabaría olvidándomelo al bajar del avión. Mientras me palpaba los bolsillos y me revolvía en el asiento, la mujer de al lado lanzó un sonoro suspiro. Me fastidió, pero ella tenía razón. Estaba siendo muy molesto. Volví a colgarme el saquito del cuello y lo oculté bajo la camisa.

Cuando ya llevábamos seis horas de vuelo empecé a pensar en lo que me esperaba. Llegaría a Osaka por la mañana, aunque, según el horario de París, sería bien entrada la noche. Iba a perder toda una noche de sueño. Es más, tenía seis horas por delante, seis horas más en un espacio claustrofóbico. Pensé que la única solución sería echar un sueñecito con la esperanza de que unas horas de descanso hicieran el viaje más llevadero y me ayudaran a pasar mejor mi primer día en Japón. Estaba claro que otros pasajeros habían tenido la misma idea. El tipo que tenía al lado había caído redondo; la mujer había acabado el libro, había reclinado el asiento y había cerrado los ojos. De hecho, todos los que me rodeaban se habían quedado callados. Todos menos dos chicas jóvenes que tenía justo detrás.

Hablaban mi idioma. Durante las primeras horas del vuelo, las había oído decir que una de ellas iba a Osaka para enseñar inglés como segunda lengua. La otra chica había explicado, con un marcado acento francés, que tenía parientes viviendo en Osaka. Iba a aprovechar su casa como campamento base durante un viaje a pie a través de Asia durante tres meses. Habían estado intercambiando información general, pero cuando el viaje llegó a su ecuador empezaron a tocar temas más personales. En ese momento, imprimieron tal energía, entusiasmo y volumen a la conversación que parecía más apropiada para un club nocturno que para un avión abarrotado de gente. Intenté ignorar sus palabras, pero no pude. Saqué un par de auriculares del asiento y me los puse. Fui cambiando de canal en la consola del reposabrazos, buscando el que emitía música relajante, pero no había nada que me impidiera escuchar el sonsonete de las voces que tenía detrás. No me explicaba cómo podía estar roncando el tipo de al lado con todo ese jaleo.

Las horas siguieron pasando y se me hicieron interminables. Escuché hablar a las chicas sobre amantes que las habían engañado y sobre amigos que solo aparecían cuando las cosas marchaban bien. Sobre asombrosas clases de yoga y estilosos tatuajes. Sobre extensiones de pelo e intensas limpiezas de colon. Cuando empezaron a hablar de sus planes de futuro, se me despertaron los instintos asesinos. Al final encontré un canal de comedias, aunque las risas enlatadas no contribuyeron a relajarme.

Cuando por fin bajé del avión a trompicones, medio día después de haber subido a duras penas, dejando atrás doce horas imposibles de aire reciclado y calambres en las piernas, estaba aturdido y desorientado hasta límites insospechados. Sin saber qué otra cosa hacer, seguí a la multitud hasta llegar a un mar de personas que intentaban avanzar a empujones hacia la cinta de recogida de equipaje.

Sabía muy bien que no tenía sentido empeñarse en avanzar a base de codazos hasta la primera fila de la cinta. Algunas veces el equipaje tarda tanto en llegar que parece que las maletas hubieran llegado en el *Queen Mary* y no en el avión en el que uno ha viajado.

Me acerqué a una pared y me dejé caer al suelo hasta

quedarme en cuclillas. Saqué el móvil del bolsillo y lo encendí.

Vi enseguida un mensaje de Julian.

> Querido Jonathan:
> Siento no haber estado disponible cuando me llamabas, ni haberte dado más detalles sobre el viaje. Te dejé otro mensaje en el contestador del hotel con el nombre del siguiente guardián y las instrucciones, pero, no sé por qué, no quedó registrado. En cualquier caso, estarás en Japón con una encantadora joven llamada Sato Ayame (Ayame es su nombre de pila), en la pensión de su familia, en Kioto. Se reunirá contigo en el aeropuerto. Disfruta de tu estancia en Japón.
> Que te diviertas,
>
> JULIAN

Envié un mensaje a Annisha y a Adam, donde les decía que había llegado a Osaka, y luego volví a guardarme el móvil en el bolsillo. Al hacerlo, oí una voz que me sonaba.

—¡Ha sido genial conocerte!

La voz procedía de una de las dos chicas que estaban juntas delante de la cinta del equipaje. Tenía que ser una de mis parlanchinas vecinas. Noté un incipiente dolor de cabeza. No había ni rastro del equipaje; me enderecé y fui en busca de un lavabo. Cuando regresé, las maletas estaban cayendo en cascada por la rampa y empezaban a girar por la cinta. La chica del pelo negro se agachó y recogió una maleta rosa estilo Burberry. Me acerqué a la cinta. Cuando hubo completado una vuelta, vi que mi maleta no estaba y

miré hacia la rampa. Veinte minutos después, seguía allí,
esperando a que mi maleta negra cayera por la rampa y se
dirigiese hacia mí. Volví a mirar los bultos que seguían
dando vueltas sobre la cinta. Sin embargo, por mucho que
lo deseara, mi equipaje no estaba entre ellos.

Llevaba un cepillo de dientes y una muda de ropa en la
mochila, pero los demás artículos de aseo y la mayoría de
mis cosas estaban en la maleta extraviada. La tensión empezaba a presionarme las sienes, notaba el latido del corazón en la cabeza, sentía una presión en el pecho. «¿Por
qué a mí?», pensé. Me hallaba a miles de kilómetros de
casa y no tenía mis cosas. Y ahora debía de asumir este en-
gorro.

La mayoría de los pasajeros de mi vuelo se habían esfumado. Eché un vistazo a mi alrededor. El aeropuerto de
Kansai era nuevo, todo relucía, pero, como muchos otros
aeropuertos gigantescos, era como un laberinto: un gran
espacio confuso que parecía abarrotado y desierto al mismo tiempo; resultaba desconcertante. Los letreros estaban
en japonés y en inglés, pero el inglés figuraba abreviado.
Empecé a desesperarme pensando en hacia dónde debía ir
o qué debía hacer. Todavía tenía que enfrentarme a las co-
las de aduana e inmigración antes de alcanzar la zona de
llegadas y reunirme con Ayame.

El largo vuelo, la cháchara de las pasajeras, mi profundo
cansancio... era como si alguien le hubiera dado a un pequeño interruptor. De repente, ya no me sentía ansioso,
sino furioso. Tenía el corazón desbocado y las piernas in-
quietas, como si me corriera electricidad por las venas. Me

percaté de la presencia de un hombre uniformado con pinta de ser personal del aeropuerto. Prácticamente me abalancé sobre él.

Cuando lo pienso ahora, me doy cuenta de la suerte que tuve. Con los tiempos que corren, no es muy buena idea perder los nervios con un trabajador aeroportuario. Fue un milagro que no me llevaran a rastras hasta algún cuartucho de interrogatorios, o, peor aún, que me detuvieran. Por algún motivo, me acompañaron durante todo el recorrido de aduanas e inmigración, me presentaron a un empleado de la compañía que prometió recuperar mi equipaje, y me llevaron amablemente hasta la zona de llegadas, tembloroso y agotado. Sin embargo, antes de todo eso, había soltado todo cuanto se me pasaba por la cabeza, en inglés y en un francés rudimentario, a todo el que quisiera escucharme. Tal vez la barrera lingüística hizo que parte de lo que decía fuera un misterio para las personas que me habían ayudado. Parecía difícil creer que solo la amabilidad y el decoro hubieran impedido que esas personas me enviasen a tomar viento fresco.

Mi arranque de ira y todas las maniobras derivadas del mismo me habían dejado una sensación de vacío y fragilidad. Lo único que quería era desplomarme en el asiento del coche y que me llevasen a una cama cómoda. Eché un vistazo al vestíbulo de llegadas con desesperación. A varios metros de distancia, cerca de unos asientos y de una hilera de cabinas telefónicas, había una mujer de unos treinta años. Tenía una larga melena de pelo lacio, vestía una camisa de color verde chillón y vaqueros descoloridos. No llevaba letrero como Ahmet, sino que estaba claramente buscando a alguien. Cuando nuestras miradas se cruzaron, ladeó la cabeza y se acercó a mí. A medida que se aproximaba, me sonrió.

—*Hajime-mashite. Jonathan Landry-sama?* —me preguntó.

Asentí con la cabeza y ella se inclinó para hacerme una discreta reverencia.

Entonces recordé que al empezar a trabajar en el departamento comercial de la empresa, hice un cursillo de etiqueta empresarial para el ámbito internacional. Lo había olvidado casi todo, pero caí en la cuenta de que, en la hora que llevaba en el aeropuerto de Kansai, seguramente había violado todos los códigos de etiqueta de la civilización japonesa. Era un milagro que hubieran tenido tanta paciencia conmigo.

Correspondí el saludo con otra reverencia, intentando marcarla más que la de Ayame.

—Bienvenido a Japón —dijo ella—. Es un gran honor conocerte.

—¡Oh, gracias a Dios! ¡Hablas mi idioma! —exclamé sin poder disimular mi alegría.

Ayame repitió la reverencia y sonrió.

—Sí —dijo—, enseño literatura inglesa en la Universidad de Kioto, saber inglés es una condición sine qua non.

Intenté disculparme por el comentario sobre mi idioma y le expliqué por qué sentía tanto alivio.

—Es que han extraviado mi equipaje —le conté a Ayame—. Tengo que volver al mostrador de la compañía y darles una dirección donde puedan enviármelo cuando lo encuentren.

Ayame me acompañó al mostrador. Me pidió permiso para hablar en mi nombre, una oferta que yo acepté encantado. Todavía estaba crispado. No confiaba en no volver a perder los estribos. Ayame habló con el empleado en japonés, y al alejarse del mostrador me contó que el equipaje había sido localizado, y que llegaría en un vuelo posterior a Osaka; me lo enviarían por mensajería a la pensión de Kioto en cuanto llegase. Luego empezó a caminar por el largo pasillo acristalado. Yo había supuesto que nos dirigiríamos hacia el aparcamiento, pero Ayame me explicó que cogeríamos el tren del aeropuerto hasta la estación de Kioto, y luego un taxi hasta el *ryokan* de sus padres en la parte este de la ciudad.

—Un *ryokan* —explicó— es una pensión típica japonesa. Espero que te encuentres a gusto. Muchos viajeros disfrutan del cambio que supone en contraste con los hoteles de estilo occidental.

El tren iba lleno hasta los topes, pero Ayame y yo encontramos dos asientos libres; me dijo que el viaje duraría una hora y media. No pude reprimir un profundo suspiro. Mi anfitriona me miró levantando una ceja.

—Lo siento. No era mi intención ofenderte. Es que estoy muy cansado del viaje. Ni siquiera sé qué hora es, ni en qué día de la semana estamos. Y es que todo esto me parece ridículo. No entiendo por qué los «guardianes», o como quiera que Julian os llame, no podéis enviarle los talismanes.

—Sé que Julian debe de tener buenas razones para querer hacer las cosas de esta forma —respondió Ayame—. Tal vez, lo que necesitas es enfocar esta aventura con una actitud más filosófica. Al fin y al cabo —añadió con amabilidad—, la vida es un viaje...

—Sí, sí —en ese momento no podía dejar de pensar en mí mismo—, pero esto no es un viaje. Es una especie de alocado paseo en el tren de la bruja. He estado por todo el mundo en lo que va de semana... En Buenos Aires, Estambul, París... y Dios sabe dónde estaré mañana o la semana que viene.

—Mmm... sí. Es una situación difícil —dijo Ayame con amabilidad—. Pero ¿sabes lo que dicen? No importa adónde vayas, sino en quién estás convirtiéndote durante el viaje.

Sin embargo, yo no estaba de humor para proverbios.

—¿Qué os pasa a todos? —espeté—. Todos habláis igual. Todos habláis como Julian.

Ayame parecía más asombrada que molesta.

—¿Y eso te sorprende? Todos somos buenos amigos de Julian. Todos hemos aprendido mucho de él. Todos hemos cambiado nuestra vida gracias a él —dijo.

—Bueno, pues mi vida también está cambiando —respondí—, pero no estoy seguro de que vaya a ser para mejor. Todo se está yendo al garete en el trabajo. Y mi mujer...

Me callé. No quería hablar de eso. No quería pensar en las ausencias de mi vida. Mi mujer. Mi hijo. Mi equipaje.

Tras un momento de silencio, Ayame volvió a hablar.

—Tú también debes de estar preocupado por Julian —dijo.

—¿Cómo? —pregunté.

—Por el hecho de que te haya pedido que recuperes los talismanes. Por el hecho de que los necesite. ¿Te preocupa por qué los necesita? ¿Estás preocupado por quién los necesita?

No había pensado mucho en ello. ¿Y si Julian no me había contado la verdad sobre mi madre? ¿Y si mi madre estaba enferma? Mi madre es una de esas personas que vive la vida como si no le costase esfuerzo alguno. Creo que hasta los doce años no me di cuenta de que ella también enfermaba como los demás.

Si no era mi madre quien tenía un problema, a lo mejor se trataba de mi hermana, Kira. Aunque era dos años menor que yo, siempre la consideré la más responsable. Fue ella quien cuidó de nuestra madre al fallecer mi padre, quien me recordaba el cumpleaños de mi madre o me indicaba los momentos en que necesitaba que la llamara o le hiciera una visita. Era la que mantenía el contacto conmigo, la que llevaba toda la carga de nuestra relación. Si estuviera enferma o tuviera algún problema, ¿me lo habría contado? Y luego estaban también mis tías, mis tíos o mis primos; tal vez era alguno de ellos quien necesitaba ayuda.

Aunque la persona a la que quería ayudar Julian no fuera un familiar, ¿significaba eso que no debía pensar en la importancia de la misión que me habían encomendado? Me había dejado llevar demasiado por mis propias preocupaciones.

—Sí —dije, aunque no fuera del todo cierto—, eso también me ha estado agobiando.

Pasaron varios minutos hasta que Ayame volvió a hablar.

—Son casi las ocho de la mañana, por cierto —dijo, y añadió—: tal vez quieras aprovechar la oportunidad para descansar.

El tren, en agradable contraste con el avión, estaba en silencio. Solo se oía el apagado rumor de personas charlando a lo lejos. Cerré los ojos y me relajé con el suave traqueteo. Antes de poder darme cuenta, caí en un profundo sueño.

No creo que mirase ni una sola vez a Ayame a la cara mientras recorríamos en taxi las calles de Kioto. La llegada a la estación había sido como entrar en un Japón limpio y ordenado, tal como había imaginado que sería. Elevados techos abovedados, arcos de cristal y estructuras de acero, todo brillante y como nuevo. El paisaje urbano de Kioto era prácticamente igual al de cualquier otra ciudad moderna: sobre un fondo de colinas en el horizonte, se alzaban los rascacielos con fachada de cristal mezclados con edificios indescriptibles y torres de varios tamaños. Incluso había una de ellas con la parte superior en forma de platillo volante, como la aguja espacial de Seattle. Pero al adentramos en las callejuelas, todo parecía distinto. Apretujadas entre los modernos edificios de ladrillo había pequeñas casas de madera, algunas con tejados de pizarra vueltos hacia arriba, varios acabados con puntas de madera y molduras decorativas. Muchas de aquellas viviendas tenían exuberantes maceteros con enredaderas y bonsáis.

Vi varias mujeres vestidas con kimono paseando por las calles.

—En Kioto hay muchísima historia que ver —dijo Ayame—. Antiguamente era la capital de Japón. Y se libró del bombardeo y la destrucción de la Segunda Guerra Mundial. Aquí hay un gran número de templos.

—¿De veras? —pregunté, sin dejar de mirar por la ventanilla.

—Tal vez mañana pueda llevarte de visita a uno de ellos.

—Sí, eso sería genial, si hay tiempo.

—Y esta noche —dijo Ayame—, a mis padres les gustaría que nos acompañases a cenar. Una comida tradicional *kaiseki*.

Dudé un instante antes de responder.

—Me encantaría —respondí—, pero debo advertirte algo. Sé que hacéis las cosas de forma distinta a como se hacen en el país del que procedo, que la etiqueta es complicada. —Me costaba expresar lo que quería decir. Estaba pensando en la escena del aeropuerto—. Tengo miedo de ofender a los demás sin pretenderlo.

—Por favor, no te preocupes —respondió Ayame—. Lo entiendo, mis padres lo entienden. Pero, si quieres, te explicaré las cosas a medida que vayan pasando.

Asentí en silencio. Entonces, el taxi se detuvo junto a la acera.

—Tenemos que bajarnos aquí —dijo Ayame—. La pensión está al cabo de esa calle. —Señaló hacia delante, a lo que parecía un callejón—. Es una calle muy antigua. Demasiado estrecha para los coches.

Bajamos del taxi y nos adentramos en el callejón. Los adoquines del pavimento resbalaban un poco y la atmósfera era calurosa y húmeda; como si acabara de llover. La calle estaba repleta de modestas tiendas y portales estrechos, pegados unos a otros. Recorrimos una distancia corta hasta llegar a una pequeña casa de madera situada entre otros dos edificios. Su techo curvado estaba cubierto de tejas cilíndricas de color marrón oscuro, las ventanas tenían celosías de madera negra. Las paredes bajas de piedra se curvaban a ambos lados de una puerta de doble hoja de madera; unas ramas cargadas de hojas pendían sobre ellas.

—Es uno de los *ryokan* más antiguos de la ciudad —me informó Ayame—. Lo han regentado miembros de mi familia durante varias generaciones. Pero es pequeño. Solo tiene once habitaciones, más las dependencias de mis padres.

Descorrió una de las puertas y me invitó a entrar.

Llegamos a un modesto vestíbulo de baldosas de pizarra. Vi varios pares de zapatos dispuestos de forma ordenada junto a la pared. Algo más allá, un peldaño bajo conducía a la zona del recibidor. Allí había todo un despliegue de zapatillas de color crema alineadas a un lado del peldaño.

—Por favor —dijo Ayame—. Deja aquí los zapatos y busca un par de zapatillas de tu número.

Ambos nos descalzamos, nos pusimos unas zapatillas y entramos al recibidor. Al entrar, aparecieron un hombre y una mujer.

—Mis padres —anunció Ayame.

Se inició todo un ritual de reverencias y sonrisas durante las presentaciones, mientras Ayame traducía nuestros mutuos intentos de salutación. Al final, el padre de Ayame se volvió hacia ella y le dijo algo en un tono de voz grave.

—¡Ah, sí! —dijo Ayame—. Mi padre me recuerda que has realizado un largo viaje y que has tenido un día difícil; debes de necesitar un descanso. Te acompañaré a tu habitación.

Al estirarme en el futón del suelo, no me podía creer lo relajado que me sentía en comparación con lo nervioso que estaba hacía tan solo una hora. Ayame me había enseñado mi habitación y me había llevado al *ofuro*, o bañera, para hombres, al fondo del pasillo.

—Dentro tienes un albornoz, toallas y útiles de aseo sobre una pequeña balda situada junto a la puerta —me indicó mi anfitriona—. Dúchate primero y luego sumérgete en la bañera durante todo el tiempo que desees. Colocaré un cartel en la puerta para indicar que la sala está ocupada.

La sala a la que entré era de dimensiones reducidas. Tenía el suelo de pequeñas baldosas blancas y paredes formadas por paneles de madera con tres alcachofas de ducha insertadas en ellos. Delante de cada ducha había un pequeño taburete de madera y un cubo. En el rincón más apartado de la puerta vi una bañera cuadrada de madera. Las paredes de la bañera tenían unos treinta centímetros de alto, pero se veía claramente que estaba empotrada por debajo del suelo. La atmósfera era calurosa y húmeda, e impregnada de un tenue aroma cítrico que, según descubrí más adelante, era *hinoki*, ciprés japonés. Se supone que el aceite de su madera es muy terapéutico.

Transcurridos unos minutos, estaba sumergiéndome en la bañera. El agua me llegaba prácticamente hasta la barbilla. Me apoyé contra el lateral de madera e inspiré profundamente. El aromático vapor ascendía del agua caliente. El calor hacía que la piel me picase un poco, aunque notaba cómo relajaba las contracturas que tenía en los hombros y la espalda.

No me cabía ninguna duda: este era un viaje raro. Era confuso y agotador. Sin embargo, también estaba exigiéndome luchar de forma menos evidente. Las notas que acompañaban a los talismanes... sabía que no estaban escritas específicamente para mí, que Julian las había redactado con un propósito personal. No obstante, él me había sugerido que las leyera y me había entregado un cuaderno para que escribiese mis pensamientos a modo de diario. Debió de prever la forma en que me afectarían.

Ese primer talismán, la autenticidad... Ser sincero con uno mismo. Esa idea me había calado hondo y empezaba a saber por qué. Había algo en mi vida que no marchaba del todo bien. Iba más allá del hecho de haber decepcionado a Annisha y a Adam. Enmendar ese error me costaría algo más que pedir disculpas a Annisha, conseguir llegar a casa a la hora de cenar, ir a algunos entrenamientos más de fútbol con Adam. Empezaba a darme cuenta de que mis decepcionantes actitudes como padre y marido tenían mucho que ver con una profunda infelicidad. Aunque no era una infelicidad relacionada ni con Annisha ni con Adam. Era una infelicidad relacionada con el entramado de mi vida. Me daba la sensación de haber dedicado toda mi ambición a una carrera en la que no tenía verdadero interés. Iba avanzando, aunque no tenía ni idea de adónde quería ir. Me encanta la ingeniería, me encantan los circuitos, me encantan los problemas matemáticos, me encanta el diseño técnico. Se me dan bien. Cuando estaba en el laboratorio de diseño, tenía la impresión de que mi trabajo tenía un propósito y mi vida tenía un sentido. No había nada de malo en el departamento de ventas, pero no sentía la misma pasión por ese mundo.

En ese momento, mientras estaba tranquilamente tumbado en la habitación del *ryokan*, entendí que debía realizar grandes cambios. La idea me asustaba, pero me provocó, sorprendentemente, una profunda sensación de paz. Como si todo fuera a ocurrir en un futuro lejano.

Ayame había dejado un pequeño montón de ropa a los pies del futón mientras yo me bañaba. Había una nota: «Lo he pedido prestado a un amigo. Espero que sea de tu talla».

Me levanté de la cama y me quité el albornoz. Me puse la suave camisa de algodón y un par de chinos holgados. También había un par de calcetines blancos de deporte,

todavía dentro del paquete. Me los puse antes de volver
a calzarme las zapatillas. Luego cogí el cuaderno y la estilográfica de la mesilla de noche y me situé al fondo de la
habitación.

La habitación de invitados era pequeña pero espaciosa.
El suelo estaba cubierto de colchonetas de tatami. Las paredes blancas, montadas en unos marcos de madera negra,
parecían biombos de papel que flanqueaban la zona del
vestíbulo. Cerca de los pies de la cama había una pequeña
mesa baja, y a ambos lados de la misma, unas sillas sin pa-
tas: eran cojines para sentarse colocados directamente sobre el suelo. Al fondo estaban los ventanales, iban del suelo
al techo, divididos por parteluces y una puerta corredera
que conducía a una zona ajardinada. Descorrí la puerta y
salí a una pequeña galería de madera. Aunque ya me había
percatado del verdor mientras estaba descansando en el
futón, no estaba preparado para el espectáculo que me dio
la bienvenida en el exterior.

La galería rodeaba tres lados de un frondoso y verde jardín. Todas las habitaciones estaban situadas en torno a ese
pacífico patio. En el centro del jardín se elevaba la esbelta
escultura de una pagoda de varias plantas. Había estatuas
más pequeñas repartidas por todo el patio: grullas, un
Buda y un sapo de aspecto bastante amenazador. Y, en el
fondo del jardín, vi una catarata diminuta que caía por un
saliente de piedra. El borboteo sugería que había un estanque debajo, pero las ramas y hojas lo ocultaban de mi vista.
A decir verdad, la frondosidad del jardín ocultaba todo
cuanto estaba en el suelo. Helechos de un vivo color verde

cubrían la base de los delicados troncos; ramas arqueadas con diminutas flores daban un toque de color a los setos recortados artísticamente.

Vi una silla plegable de madera cerca de donde estaba. Fui hacia ella y me senté. Abrí el cuaderno en mi regazo y contemplé el jardín durante unos minutos, dejando pasar el tiempo.

La escultura del sapo lucía una sonrisa siniestra y me recordó la pequeña calavera sonriente que había recibido de manos de Antoine. «Acoge tus miedos», decía la nota que la acompañaba. Bueno, pues yo ya había hecho unas cuantas cosas que temía, entre ellas, dejar a mi familia y mi trabajo por esa aventura de locos. En cierto sentido, había dado un salto al vacío. Aunque no había dejado de quejarme por ello ni un segundo. Supongo que con «Acoge tus miedos», Julian quería decir que una persona debería asumirlos de forma positiva, abandonar su zona de bienestar; que debería sentirse emocionada ante lo desconocido, no desconcertada. Precisamente el día anterior había subido a un ascensor por primera vez en veinte años. Pero ¿qué más podía hacer?

Ahora bien, mis mayores miedos, perder a mi familia, perder a Annisha, perder a Adam... eran situaciones que no quería acoger. Además, no creía que Julian se refiriera precisamente a eso en su nota. Sin embargo, no podía evitar ver lo irónico del tema. Mis mayores temores estaban haciéndose realidad a pesar de todas mis precauciones. Y eso sucedía porque había adoptado una actitud pasiva. Tal vez, si hubiera hecho algunos de los cambios que me había sugerido Annisha, como rechazar un par de ascensos, o algún cambio de puesto o, sencillamente, haber dicho que no de vez en cuando, pero eran decisiones que me daba mucho miedo tomar. Sin embargo, si lo hubiera hecho, no estaría sufriendo esta crisis. ¿Y si llegaba al fondo de la cuestión? ¿Qué quería hacer en realidad pero me daba miedo? Empezaba a entender que afrontar cosas que te dan miedo podía hacer que la vida fuera algo menos aterradora a largo plazo.

Justo cuando terminé de escribir aquellos pensamientos en el cuaderno, oí un delicado golpe en la puerta de mi cuarto. Era Ayame, venía a decirme que tenía mi equipaje.

—Por cierto —añadió—. ¿Has consultado los mensajes de tu teléfono? Acabo de ver que Julian me ha reenviado uno dirigido a ti con tu itinerario para los próximos días. Está claro que el viaje más peculiar que has hecho en tu vida debe continuar. ¡Qué suerte!

La cena resultó ser un largo y complejo acontecimiento. Me llevaron a la sala de recepciones privada de la familia Sato, donde esperaban los padres de Ayame. Después de saludarnos todos con sonrisas y reverencias, me hicieron un gesto para que me dirigiera a la mesa. Era baja, como la que había en mi habitación, y había cuatro cojines de algodón blanco, uno situado a cada lado de la mesa. Me percaté de una pequeña alcoba anexa a la sala, decorada con un tapiz pintado con tinta china; un paisaje de grullas entre juncos. Había pequeñas esculturas y un sencillo arreglo floral situados frente al dibujo. Me dirigí hacia el cojín que quedaba enfrente de la alcoba —pensé que sería una visión agradable—, pero Ayame negó con la cabeza amablemente y me señaló el lado de la mesa que quedaba más apartado de esa estancia.

—Se considera un gesto de inmodestia sentar a los invitados frente al *tokonoma* de uno. Sería como estar alardeando, como decir: «Mira qué cosas tan bonitas tenemos».

—Entiendo —respondí.

Debí de haber sonado decepcionado, porque Ayame añadió:

—Dejaría que te sentaras ahí, pero eso incomodaría mucho a mis padres. Espero que lo comprendas.

Una vez acomodados, entró una joven con una bandeja de toallas húmedas y calientes.

—*Oshibori* —dijo Ayame—. Para limpiarte las manos. Pero no la uses como una servilleta occidental. Con ella, no debes limpiarte ni la boca ni la cara.

Cuando trajeron y sirvieron el primer plato, Ayame y sus padres dijeron al unísono: *Itadakimasu.*

—Quiere decir «Lo recibo con humildad» —explicó Ayame—. Empezamos así y al final de la comida decimos *gochisosama-deshita*, que quiere decir: «Gracias por una buena comida».

La cena se alargó hasta bien entrada la noche. Se sirvió sopa, sushi y sashimi; tempura y pescado al vapor; ternera a la parrilla y verduras encurtidas. El último plato fue una especie de segunda sopa ligera y clara.

Durante la comida, Ayame fue dándome lecciones de etiqueta japonesa en la mesa. Me enseñó a coger los palillos y me explicó que jamás debía clavarlos en el arroz para que quedasen de pie.

—Eso recuerda a los comensales la forma en que se clavan las varillas de incienso en un funeral.

También me explicó por qué pasar trozos de comida a otro comensal con los palillos se consideraba de muy mal gusto: era la forma en que se entregaban los huesos de los muertos tras la incineración. Y había más: jamás recuperar nada con la parte más ancha del palillo si podía evitarse; jamás dejar los palillos de forma que quedasen apuntando a alguien; y, por último, jamás clavar los palillos en la comida. Esa última norma me decepcionó. En el pasado, era la única forma de poder garantizar que la comida llegase del plato a mi boca.

También supe que mi costumbre de sumergir las piezas de sushi *nigiri* por el lado del arroz en el cuenco de la salsa de soja era considerada de muy mala educación. Ayame me explicó que, de esa forma, el arroz absorbía demasiada salsa y era tomado como un gesto de codicia por parte del comensal; además podían caer granos en la salsa.

Aunque, tal vez, la norma que más me fascinó fue la relacionada con servirse la bebida entre los comensales. Cuando trajeron la botella de sake a la mesa, Ayame me sirvió un poco y luego a sus padres. Ella no se sirvió, y supuse que no iba a beber. Pero, acto seguido, su padre tomó la botellita y echó un poco en el pequeño vaso de cerámica que su hija tenía delante. Transcurrido un rato, la madre de Ayame volvió a llenar todos los vasos, menos el suyo. Esta vez fue Ayame quien tomó la botella y sirvió a su madre más sake. La tercera vez que los vasos se rellenaron de esta forma, me quedé mirando a mi anfitriona y levanté las cejas.

—¡Ah!, veo que te has dado cuenta —dijo—. Los japoneses consideran una parte importante de la hospitalidad mantener siempre lleno el vaso de sus invitados, aunque se considera una grosería servirse uno mismo. Hay que esperar a que los demás se percaten de que lo tienes vacío para que te lo llenen.

Pensé en las cenas que había compartido con Annisha y con Adam. Annisha se molestaba mucho si tenía que esperar a que yo me diese cuenta de que tenía la copa vacía.

Después de cenar, Ayame sugirió que diéramos un paseo por el barrio. La calle ya estaba seca, pero una humedad sofocante impregnaba la atmósfera.

—Gracias por explicarme las normas de etiqueta durante la cena —dije mientras paseábamos por la calle adoquinada—. Si me quedara más tiempo aquí, acabaría cogiéndole el tranquillo.

El itinerario de Julian me indicaba que partiría al cabo de dos días rumbo a México. Al principio había pensado en intentar encontrar un vuelo que saliera antes, pero tras lo atenta que Ayame había sido conmigo, una petición así habría parecido algo grosera.

—Ha sido un placer. La verdad es que me fascinan los códigos de comportamiento. Como puede que te haya dicho Julian, he viajado bastante y, esté donde esté, siempre presto atención a esas costumbres de las que nadie te habla: el conocimiento tácito de cómo deben hacerse las cosas.

—Está claro que eres más observadora que yo —dije—. Lo único de lo que me percaté en Estambul era de que Ahmed nunca tocaba nada con la mano izquierda.

—En muchos países, una de las manos se usa solo para cualquier tipo de trabajo sucio. Por eso no se toca la comida ni a otra persona con esa mano.

Pensé que seguramente se debía a eso.

—Lo interesante —continuó Ayame— es que las normas que hemos creado nos parecen algo natural, algo lógico y evidente. Solo cuando observamos nuestro comportamiento a través de los ojos de otra cultura, empezamos a cuestionarlas y a asombrarnos ante ellas.

»Por ejemplo —prosiguió—: he leído que la costumbre de estrecharse la mano se originó como una forma de demostrar a alguien que no llevabas armas, y que, por tanto, no tenías intención de atacar a quien saludabas. Por tanto, en la actualidad, ¿por qué estrecho la mano a alguien en una conferencia de Nueva York? ¿De verdad pretendo demostrarle que no llevo un puñal encima?

Eso me hizo reír.

—Aunque el origen de algunas costumbres no es tan importante. La etiqueta, las buenas maneras, las normas, nos facilitan las relaciones. Los comportamientos comunes nos hacen sentir cómodos; son formas de demostrarnos respeto mutuo. Están relacionados con el modo en que hacemos sentir al otro. Nuestro comportamiento diario es reflejo de nuestras más profundas creencias.

—Aunque a veces resulta todo muy confuso —dije—.
Por ejemplo, lo de abrir la puerta a una mujer. Hubo una
época en la que ningún caballero entraba antes que una dama.
Había que aguantar la puerta y pasar solo cuando ella ya
hubiera entrado. Pero ahora no estoy muy seguro de si hay
que seguir haciéndolo.

—Sí, esa es una de las normas que está cambiando en
Occidente —dijo Ayame—. Se ideó como un gesto de respeto, ¿verdad? Pero, más adelante, algunas mujeres empezaron a sentir que era una costumbre paternalista, que sugería que ellas eran débiles, que necesitaban ayuda con
algo tan simple como una puerta. De pronto, ya no está tan
claro si es una costumbre cortés o no.

—Lo que yo intento es aguantar la puerta a todo el mundo —comenté—. Así no discrimino a las mujeres.

—Es una buena solución —dijo Ayame—. En realidad,
la última vez que estuve en Los Ángeles me di cuenta de
que, algunas veces, los hombres aguantaban la puerta a las
mujeres y, otras, eran las mujeres las que lo hacían, para
ellos y para otras mujeres. Parece que mucha gente se ha
replanteado esa norma de aguantar la puerta.

Llevábamos media hora dando vueltas por el barrio.
Las calles estaban muy bonitas en la oscuridad: las brillantes luces se adivinaban tras las pantallas de papel de arroz
de algunas ventanas y la luna proyectaba su fulgor sobre
los tejados inclinados de un par de edificios.

Entramos a un pequeño callejón, y me di cuenta de que
habíamos llegado al final de la calle de Ayame. Me sentía
agotado, aunque no estaba del todo seguro de ser capaz de

dormir. Sin embargo, tenía muchas ganas de regresar a mi pacífica habitación.

Cuando llegamos al vestíbulo del *ryokan*, Ayame dijo:

—Esta noche te entregaré el paquete de Julian.

Me condujo por el vestíbulo hasta una puerta del fondo. La seguí y me encontré una vez más en la galería de madera con vistas al jardín. Había unas cuantas lámparas colgadas de los aleros del tejado y un pequeño foco iluminaba la fuente de agua borboteante; un par de luces más proyectaban sus brillantes haces sobre las esculturas. El jardín parecía de otro mundo, mágico.

—Por favor, siéntate —dijo Ayame, y señaló un pequeño banco de teca—. Vuelvo enseguida. —Y entró en la pensión.

Regresó transcurrido un minuto con un paquete pequeño en las manos. Estaba envuelto con un grueso papel, que parecía hecho a mano, atado con un cordón de seda. Me lo tendió y yo lo cogí con delicadeza con ambas manos. Ella me miró y me sonrió.

—Ya sabes lo que dice la carta, ¿verdad? —le pregunté.

—Por supuesto —respondió Ayame, riendo.

Cuando regresé a mi habitación, desaté el cordón y retiré el grueso papel jaspeado. Dentro había una nota y una diminuta grulla dorada. La puse de pie sobre la palma de mi mano y me quedé mirándola. La alargada y suave curvatura de su lomo; la cabeza ladeada; el delicado pico. Cerré la mano y la metí en la bolsita de cuero que llevaba colgada al cuello. Después de guardar el talismán, desdoblé la nota y la leí:

Vive con amabilidad

Es importante recordar que, al igual que nuestras palabras son la expresión verbal de nuestros pensamientos, nuestras acciones son la manifestación de nuestras creencias. Ninguna acción, sin importar lo pequeña que sea, es insignificante. La forma en que tratamos a una sola persona define cómo tratamos a todo el mundo, incluidos nosotros mismos. Si no respetamos a los demás, no nos respetamos a nosotros mismos. Si somos desconfiados con los demás, somos desconfiados con nosotros mismos. Si somos crueles con los demás, seremos crueles con nosotros mismos. Si no podemos apreciar a quienes nos rodean, no nos apreciaremos a nosotros mismos. Con cada una de las personas que nos relacionamos, con todo lo que hacemos, debemos ser más amables de lo que se espera que seamos, más generosos de lo que se prevé, más positivos de lo que nosotros mismos creemos posible. Cada instante experimentado frente a otro ser humano es una oportunidad de expresar nuestros más elevados valores y de influir en alguien con nuestra humanidad. Podemos lograr que el mundo sea mejor, persona a persona.

No cabía duda de por qué Julian había convertido a Ayame en la guardiana de aquel talismán. «Sí, no cabe duda», pensé, y sonreí.

Las pasadas veinticuatro horas habían sido una montaña rusa para mí. El día había empezado mal en París, o al menos yo lo había empezado mal. Lloriqueando, enfurruñado, malhumorado. Había seguido de ese ánimo hasta llegar a Osaka y durante todo el viaje en tren hasta Kioto. Y esa mala sangre no me había hecho sentir para nada mejor. Descargar mi frustración en los demás no me había relajado en absoluto. En cambio, la amabilidad de los demás me había ayudado. Su honradez y bondad me habían tranquilizado. Y, en cierto modo, eso también me había hecho sentir mejor conmigo mismo. Julian había escrito unas palabras muy sabias. Pero, Ayame... ella hacía realidad aquellas palabras.

CAPÍTULO 6

El «itinerario» que Julian me había enviado no cubría todo el viaje, y no me daba ninguna indicación sobre cuándo acabaría mi periplo. Se limitaba a indicar el nombre de las dos destinaciones siguientes. Al mirar las fechas, inspiré hondo. No parecía que Julian hubiera buscado el itinerario más rápido para pasar de un guardián al otro.

—No te preocupes —dijo Ayame con amabilidad—. Ir demasiado deprisa en un viaje como este no sería bueno para tu salud. Necesitas dormir un poco, hacer algo de ejercicio en los lugares a los que vas. Estoy segura de que Julian ha planeado un recorrido como este pensando en tus necesidades, y no en las suyas.

Una vez más, Ayame me hacía ver las cosas de otro modo. Se movía por el mundo con una amabilidad desmedida. Era su forma de reaccionar y esperaba que los demás reaccionaran igual, ante todos y ante todo. Y seguramente tenía razón. Julian estaba pensando en mí. Pero yo no pensaba en él. Estaba impaciente por regresar para ocuparme de mis asuntos. No me preocupaba ni el motivo por el que

Julian necesitaba los talismanes ni la urgencia con que los necesitaba. Si él creía que podía esperar el tiempo requerido por ese itinerario, yo no pensaba impacientarme.

Al día siguiente, Ayame me llevó al santuario de Kiyomizu y al templo de Ryoanji. Por la noche paseamos por el barrio de Gion, en cuyas calles todavía puede verse a las geishas de camino a sus compromisos. En el momento en que me tumbé en el futón aquella noche, sentí una profunda gratitud hacia Julian y su itinerario. Por la mañana viajaría hacia Oxkutzcab, en México, para encontrarme con un tipo llamado Chava Ucan. Había estado una vez en México, en Acapulco, con Annisha, pero nunca había estado en Mérida, que era mi destino en ese momento, ni en ningún otro lugar de la península de Yucatán. Se me ocurrió que en México haría bastante calor en esa época del año.

—¿Ves? —dijo Ayame a la mañana siguiente, mientras me estrechaba la mano en el aeropuerto de Itami, en Osaka—. ¡No llevo espada!

Nos despedimos con una reverencia. Cuando Ayame se enderezó, una mirada de preocupación le demudó el rostro.

—Jonathan, por favor, intenta recordar la nota de Julian. La forma en que te relacionas con los demás es el reflejo de cómo te relacionas contigo mismo. Eres un hombre bueno, pero creo que no siempre te tratas bien a ti mismo.

La esposa de Chava Ucan, Sikina, me dijo que me dejaría descansar tanto como quisiera. Yo creí que no dormiría mucho, pero al final abrí los ojos bajo el sol mexicano, que se colaba por la ventana de la habitación y la bañaba con su resplandor. Sentí un calor tan intenso en el pecho que me di cuenta de que la mañana había acabado hacía tiempo.

Durante los dos días que había pasado con Ayame, no le había contado muchos detalles sobre mi vida. Aunque ella parecía haber intuido una gran cantidad de cosas. En ese instante, tendido en la cama, en la casa de Chava, con el calor que ascendía desde el suelo de terracota e irradiaba de las paredes, me puse a pensar en la forma en que había tratado a los demás a lo largo de mi vida. No me enorgullecía de mi estallido de furia en el aeropuerto de Osaka. Ni de las veces que había sido poco paciente con algún empleado del banco o con algún dependiente del supermercado. Además estaban mis momentos de impaciencia con Adam, y mis contestaciones airadas a Annisha. Estas eran mucho más frecuentes que mi falta de civismo con desconocidos. ¿Por qué será que nos permitimos tan a menudo tratar a la familia de una forma en que no trataríamos a los amigos o incluso a los desconocidos? Seguramente porque suponemos que nos perdonarán. Pero eso no es excusa. Empezaba a pensar en hacer cambios en la forma en que trataba a todas las personas de mi vida. Aunque había algunos errores que ya no podría enmendar. Como la forma en que había tratado a Juan.

La primera pista que tuve de que las cosas podían no estar
yendo muy bien en el trabajo para Juan fue una comida de
negocios con David y su jefe, Sven, poco después de dejar
el laboratorio.

Sven me preguntó qué opinaba de mi antiguo supervi-
sor. Yo empecé a ensalzar sus dotes para el liderazgo, pero
Sven levantó una mano.

—No, no, no como jefe. Ya sé que es un buen tipo. Me
refiero a su visión del sector. A sus conocimientos técnicos.
¿Conoce las reglas del juego? ¿Se mantiene al día? ¿Estamos siendo todo lo evolutivos y agresivos que podríamos
ser en el departamento de desarrollo?

Fue una conversación violenta. Cada vez que decía algo
positivo sobre Juan, David y Sven ponían mala cara, como
si les hubiera dado la respuesta equivocada. Al final dejé de
hablar.

—Escucha —dijo David—, no digo que Juan no sea un
tipo listo. Y estoy seguro de que, en un pasado, fue el primero en su campo. Pero creo que, hoy en día, hay mentes
más jóvenes por ahí fuera, toda una nueva generación de
ingenieros y diseñadores de hardware con ideas innovadoras. Tal vez tengan un enfoque sorprendente.

Sí, mentes más jóvenes, claro. Empecé a pensar que lo
que quería decir David en realidad era «mentes más baratas». David siempre buscaba la forma de presentar la verdad de la forma menos cruda.

Cuando la camarera vino para recoger la mesa, mi plato
seguía intacto. Y yo me sentía mareado. Sabía que Juan era el
ingeniero más brillante e innovador de cuantos había conoci-

do. Es más, era un genio a la hora de conseguir que su equipo adoptara nuevos enfoques, a la hora de ser creativo tanto en la resolución de problemas como en los avances tecnológicos. Pero Sven y David no tenían en cuenta nada de eso. Por lo visto, ya habían decidido que cualquier opinión mía contraria a la suya iba en detrimento del aprecio que me tenían. Estaba claro que, para asegurar mi permanencia en la empresa, tendría que dejar de proteger a Juan. En ese instante, a miles de kilómetros de distancia de mi despacho, entendí que en un momento de la comida tomé la cobarde decisión que acabó teniendo la consecuencia más funesta para ambos.

Me había despertado en México pensando en aquella escena de la comida. La verdad era que la había recordado ya antes, cuando leí la nota sobre la amabilidad, y había estado apartándola de mi mente durante el largo trayecto desde Osaka a Mérida. El viaje había durado más de veinticuatro horas, entre las conexiones de vuelos en Tokio, Los Ángeles y Ciudad de México. Durante todo ese tiempo había intentado adoptar la actitud tranquila y relajada de Ayame. Me había obligado a dejar de preocuparme por el tiempo. Fui echando alguna que otra cabezadita y me entregué por completo al jet lag y a la desorientación. Consulté el teléfono lo mínimo posible. Al aterrizar en Mérida, al final del día que acababa de empezar en Japón, me invadió una peculiar sensación de despreocupación. Por eso, cuando una mujer de mediana edad me tocó el codo al salir por las puertas del aeropuerto, no me sobresalté.

Sikina Ucan se disculpó por la ausencia de su esposo.

—Tiene que levantarse muy temprano para ir a trabajar mañana. Le dije que yo vendría a buscarte. Ambos pensamos que mañana dormirás hasta tarde, así que Chava irá al yacimiento en coche con un amigo y, por la tarde, yo te llevaré hasta allí para que os conozcáis.

Durante el largo trayecto nocturno de Mérida a Oxkutzcab, Sikina me contó que Chava era técnico de campo y trabajaba con un equipo que estaba excavando unas ruinas mayas cerca de Oxkutzcab.

—Está muy emocionado con la idea de llevarte de visita por la excavación arqueológica y hablarte un poco de su trabajo.

Sikina me habló un poco más sobre Chava, sobre ella misma y sobre sus hijos. Me contó que habían conocido a Julian hacía muchos años, durante un viaje que mi primo había realizado a la península de Yucatán, donde visitó varias ruinas mayas y estudió su cultura.

—¡Qué hombre tan maravilloso! —exclamó Sikina mientras se colocaba un mechón de su largo pelo negro tras la oreja—. Es tan inteligente... y tan divertido... —Pero no dijo nada sobre el talismán ni sobre la razón de mi visita.

Empezaba a agradecer que Julian hubiera escogido a los guardianes con tanto cuidado. Cada uno de ellos estaba relacionado con el talismán y la sabia enseñanza que simbolizaba. Según Sikina, Chava quería compartir parte de su vida conmigo. Aunque podría haber preguntado por el talismán en ese instante, decidí intentar adivinar el contenido de la nota, qué lección aprendería de Chava. Llegamos a Oxkutzcab prácticamente de madrugada. Sikina aparcó la ranchera delante de una pequeña casa enlucida con estuco rosa pálido. Al entrar, señaló una puerta situada a un lado de la cocina americana.

La habitación era pequeña, pero espaciosa. Dejé la mochila y la maleta en el suelo y me desplomé sobre la cama. Me dormí incluso antes de poder desvestirme.

Seguramente me despertó el calor, pero fue el olor de algo delicioso y sabroso lo que me sacó de la habitación y me llevó hasta la cocina.

—¡Qué bien! —exclamó Sikina mientras se limpiaba las manos en el delantal—. Esperaba que el olor a comida te despertase. Saldremos pronto.

Sikina me indicó con un gesto que me sentase en la pequeña mesa embutida en un rincón de su abarrotada cocina. La mesa estaba pintada de amarillo chillón y cada una de las cuatro sillas tenía un color diferente. «A Annisha le encantaría», pensé. Retiré la silla de color turquesa y me senté mientras mi anfitriona me servía un plato humeante.

—*Codzitos* —dijo—. Son tacos pequeños con carne y salsa de tomate. Y zumo de guayaba —añadió señalando un vaso alargado de cristal azul que tenía delante.

La comida estaba deliciosa y, una hora más tarde, al subir a la ranchera de Sikina, me arrepentí de lo mucho que había comido. Me duché y me cambié de ropa, pero seguía sintiéndome muy lleno. La ranchera dio un tirón cuando Sikina la puso en marcha. Miró mi cara blanca como la cera y sonrió.

—Está bien —dijo—. Daremos una vuelta por la ciudad para que se te asiente el estómago antes de entrar en la autopista.

La esposa de Chava condujo lentamente por las calles de Oxkutzcab. Fuimos pasando por barrios de casas bajas y cuadradas, algunas encaladas y otras pintadas con colores chillones; otras con fachadas de puro cemento, sin enlucimientos de ninguna clase. Los techos planos eran de latón o de tejas, aunque también había toda una serie de casas ovaladas pintadas con llamativos colores y techos acabados en punta.

—Es una choza típica maya —indicó Sikina.

Las calles residenciales tenían un encantador aspecto irregular. Muros bajos de piedra o cemento bordeaban jardines que podían ser espacios yermos o vacíos, o vergeles abarrotados de palmeras, hibiscos y toda clase de plantas y matorrales que no reconocía. Elegantes barandillas y cancelas de forja se entremezclaban con tendederos de ropa secándose al viento. En el centro del pueblo había varias iglesias, pequeños restaurantes y hoteles y otros edificios pintados con intensos tonos de terracota, azul o amarillo. Las calles estaban cubiertas de tierra y se veían relativamente tranquilas; había pocos coches, aunque unas cuantas bicicletas, motocicletas, peatones y carros cargados de alimentos avanzaban con parsimonia bajo el sol abrasador.

Al dejar atrás la angosta calzada de asfalto, las casas y los edificios daban paso a una sucesión interminable de árboles y matorrales hasta que por fin abandonamos el pueblo y aparecieron las sinuosas colinas en el horizonte.

—Las colinas del Puuc —me indicó Sikina—. Están llenas de ruinas mayas, de todas dimensiones. Mañana Chava quiere llevarte a Uxmal. En el pasado fue una ciudad de más de veinte mil habitantes. Pero hoy visitaremos un lugar más humilde y olvidado.

Media hora después de partir, nos adentramos en un camino de tierra que bordeaba un pequeño valle. Fuimos dando tumbos durante un rato; la senda estaba flanqueada por un bosque frondoso hasta que pasamos por debajo de un arco de madera con un nombre grabado a lo largo. Al final aparcamos en un espacio abierto. Había muchísima gente rondando por ahí, incluido un grupo de escolares que se dirigía hacia un moderno edificio de planta baja. Vi toda una serie de chozas mayas con tejado de paja, pero incluso estas parecían relativamente nuevas y habitadas. No era lo que esperaba encontrar en un yacimiento arqueológico.

—¡Es que aquí se desarrollan muchas otras actividades! —respondió Sikina cuando se lo pregunté—. Esto también es una reserva natural y un centro de investigación. Tiene más de mil seiscientas hectáreas.

Llevábamos tan solo un par de minutos fuera del coche cuando un hombre bajito y más bien cuadrado, ataviado con una gorra de béisbol, pantalones cortos y aparatosas botas, se acercó a nosotros a grandes zancadas.

—¡*Hola*, Jonathan! —me saludó.

Sonreí y le tendí la mano. Chava me la estrechó con fuerza.

—*Bix a beel.* ¿Cómo estás?

Basta hablar unos minutos con Chava para saber que su pasión es la historia. Me preguntó por el viaje, por Julian, y si Sikina me había dado bien de comer. Pero su tono de voz no cobró verdadera vida hasta que empezó a hablar sobre el lugar donde estaba trabajando. Su esposa se quedó en uno de los despachos, visitando a unos amigos que trabajaban en la reserva natural. Mientras Chava me conducía más allá del lugar donde habíamos aparcado y a través de aquella ladera boscosa, me explicó en qué se centraba la excavación de ese yacimiento. Me pregunté si aquello tendría algo que ver con el talismán, y si realmente necesitaba que me llevaran de visita, aunque empezaba a entender que este viaje tendría un ritmo que yo no podría cambiar por mucho que me empeñase.

—Los arqueólogos trabajan aquí desde hace décadas —me contó Chava mientras avanzábamos entre la espesura del follaje—, pero hace apenas unos años, nos dimos cuenta de que este lugar puede ofrecernos nuevas claves sobre la caída del Imperio maya.

Era como si mi padre se hubiera reencarnado en aquel arqueólogo de mediana edad experto en cultura maya. Me di cuenta de que estaba sonriendo mientras Chava continuaba vertiendo su torrente de información.

Por lo visto, el pueblo que hablaba la lengua maya había llegado a la península de Yucatán hacía más de cuatro mil años. Durante los tres mil años siguientes, ciudades sofisticadas y con una alta densidad de población se propagaron por el mundo maya. En el período más álgido del imperio, la mayoría del territorio entre esas ciudades estado estaba ocupado por granjas y aldeas. Y los principales centros se comunicaban entre sí por vías adoquinadas. Las ciudades estado no solo estaban gobernadas por complejos sistemas políticos, sino que, además, albergaban verdaderas maravillas arquitectónicas: pirámides con escalinatas y templos, viviendas de varias plantas, ornamentados patios y plazas públicas. Los mayas, me contó Chava, también fueron creadores de impresionantes obras de arte y desarrollaron uno de los primeros sistemas de escritura del mundo. Por otra parte, su sofisticado sistema matemático les permitió realizar grandes descubrimientos en astronomía, lo que seguramente propició uno de sus más conocidos logros: el calendario maya. Los pensamientos de Chava salían de sus labios como una conferencia perfectamente preparada, con cierto toque de orgullo personal, como si estuviera hablando de unas personas a las que conocía y apreciaba.

Sin embargo, Chava me explicó que, en algún momento datado entre el 900 y el 1000 d. de C., seiscientos años antes de la llegada de los españoles, la civilización empezó a desmoronarse. Me relató con una tristeza que su voz no podía disimular que, durante los doscientos años siguientes aproximadamente, el noventa por ciento de la población desapareció, las ciudades fueron abandonadas y la grandeza del Imperio maya se perdió en el recuerdo. Bastó con uno o dos siglos para que los bosques invadieran las ciudades, para que la vegetación creciera hasta ocultar monumentos y vías principales, para que la población que había sobrevivido se desperdigase por el campo y se asentara en pequeñas aldeas para subsistir de la agricultura. Esos supervivientes eran los antepasados de Chava.

Mientras hablaba fue conduciéndome por el bosque, salvando las raíces de los árboles y las piedras de las ruinas. Durante el recorrido vi a algún que otro arqueólogo trabajando en las sendas, aunque el lugar no era nada silencioso ni estaba precisamente vacío. Los pájaros chillaban y piaban revoloteando de un árbol a otro. Oía el crujir de las ramas y el frufrú de sus hojas por todas partes. Intenté concentrarme en las aves y no pensar en las arañas, los escorpiones ni los pumas. Chava iba deteniéndose y me señalaba formaciones rocosas que apenas se distinguían entre la vegetación o yacimientos que acababan de excavar. Me hizo rodear una pequeña pirámide. Tenía escalinatas, como las fotos que había visto de la famosa pirámide de Chichén Itzá, aunque esta solo tenía diez metros de alto. Entonces llegamos a lo que parecían las ruinas de unos edificios construidos a ambos lados de una vasta explanada de piedra elevada. La base de las murallas estaba decorada con cuadrados de piedra, y en la parte superior se distinguían motivos ornamentales similares a los de un capitel.

—Aquí tenemos un palacio a medio construir —me explicó Chava—. Levantado en torno a una explanada; un espacio público.

Rodeé la planta de las ruinas y eché un vistazo a los bloques del edificio de piedra.

—¿Has dicho que no tenían herramientas metálicas?

—Eso es —respondió Chava—. Solo granito, sílex, obsidiana. En esta zona no hay materia prima de la que extraer metal.

Pasé la mano por las piedras.

—Increíble.

—¿Descansamos un poco? —preguntó Chava. Avanzó hacia el borde de la explanada de piedra y se sentó.

Sacó una botella de agua de la mochila que llevaba y me la tendió. Me acerqué y la acepté con agradecimiento. Los árboles daban sombra, pero el calor ascendía desde el manto del bosque y caía desde las copas de los árboles. Tenía la camisa pegada a la espalda y los pantalones pegados a las piernas.

—¿Sabes? Esto es lo que adoro de este trabajo —me dijo Chava—. Los misterios. Sabemos que algunas de las ciudades abandonadas eran sencillamente pueblos nómadas. Aunque la población no se trasladaba; desaparecía. Ni siquiera las poblaciones que sobrevivieron se quedaron en las grandes ciudades.

Chava prosiguió con la explicación y me contó que los científicos que analizaban los esqueletos mayas habían determinado gracias al estudio de los huesos, incluso los de la realeza, que la comida escaseaba en el último período de la civilización. Esto podría haber sido consecuencia de la caza excesiva. Otra posibilidad apuntaba hacia una epidemia provocada por alguna plaga o algún otro desastre agrícola, tal veza causa de la deforestación. Sin embargo, el origen más probable de la escasez de alimentos era la sequía continuada.

—No es que caiga mucha agua durante el año en la península de Yucatán —comentó riéndose.

Y, por supuesto, las enfermedades, las guerras u otro tipo de ataques violentos pudieron haber diezmado la población.

Chava se levantó y volvió a guardar la botella de agua en la mochila.

—Pero aquí, en este lugar —dijo—, observamos algo que no se encuentra en las excavaciones con mucha frecuencia. Ven.

Me condujo hasta un lateral de las ruinas. En la parte exterior había una serie de soportales de forma rectangular sobre columnas bajas y redondeadas. Pero Chava estaba mirando al suelo que quedaba frente a la edificación.

—Fíjate —dijo Chava, señalando un grupo de piedras dispuestas sobre el suelo. No era una formación ordenada, aunque no parecía accidental ni aleatoria—. ¿Adivinas qué era eso?

—No lo sé —respondí, y me acerqué un poco más. Había pequeñas matas de hierba entre las piedras. Una lagartija se asomó de pronto por una esquina y desapareció bajo el pedregoso terreno—. ¿Son los cimientos de algún edificio o algo que se derrumbó?

—Eso, amigo mío —dijo Chava—, es un muro. No un muro que se haya derrumbado, sino uno que estaba en construcción y se quedó aquí, a la espera de que siguieran levantándolo hasta la segunda planta. Estaba todo listo para empezar, pero el trabajo no fue finalizado. No es la típica ruina de una población abandonada a causa de la sequía continuada o de una epidemia. Este trabajo no quedó paralizado, sino que fue interrumpido.

Al inicio de nuestro pequeño recorrido, el motivo me pareció un poco ilógico: recibir un curso intensivo de arqueología y sumergirme en el mundo laboral de alguien a quien acababa de conocer. Pero empezaba a entender por qué Chava quería enseñar aquello a todas las personas que conocía, por qué deseaba compartir ese conocimiento con un desconocido, por qué un trabajo así podía enganchar a alguien. Había muchas preguntas que responder.

—¿Qué crees que ocurrió? —pregunté—. ¿Los atacarían o algo así?

—La guerra o algún otro ataque violento parecen lo más probable, ¿verdad? Hemos encontrado puntas de flecha, pero ningún edificio calcinado, ni parapetos, ni barricadas de defensa. Si fue un ataque por sorpresa, bueno... Tienes que ver algo más.

Chava me hizo un gesto para que me alejara del muro.

—¿Te quedan fuerzas para subir un poco más?

En nuestra ascensión por un sendero lleno de curvas y recovecos, Chava encabezaba la marcha. Los restos de una escalera derruida abarcaban todo el camino a lo ancho e íbamos subiéndola como podíamos. Chava se detuvo casi a punto de llegar a la cima del monte y se dirigió hacia una zona plana llena de estacas y piedras. Saltaba a la vista que estaban preparando el lugar para una excavación. Habían limpiado de matojos los cimientos de unas murallas rodeadas de zanjas abiertas en la tierra seca. En el interior de una de ellas, una joven rubia se encontraba acuclillada en una esquina, retirando, con ayuda de un pincel y delicadeza extrema, la tierra de un objeto enterrado. En otro rincón de la zanja había varios fragmentos de piedra y cerámica rota con etiquetas y banderines numerados.

—Jonathan —dijo Chava cuando la joven se puso en pie—, te presento a Ellen. Ellen, te presento a Jonathan.

Ellen era otra técnica de campo miembro de un equipo de una universidad estadounidense.

—Estaba contando a Jonathan lo de los últimos hallazgos. A lo mejor tú podrías contarle algo sobre estas viviendas de la cima —dijo Chava.

Ellen asintió con la cabeza y se secó la frente con un pañuelo que se sacó del bolsillo de los pantalones. Al igual que Chava, no había que insistirle mucho para que hablara apasionadamente sobre su trabajo.

Me explicó que lo que estaba viendo eran los restos de la preparación de una comida. El mortero de piedra para moler el maíz había quedado apoyado en el marco de la puerta, pero no lo habían retirado. La ordenada disposición de los cuencos indicaba que el trabajo se había iniciado, pero había tenido que interrumpirse y había quedado a medias. Todo había permanecido tal como las personas lo habrían dejado de haber imaginado que regresarían pronto. Salieron a toda prisa, pero no parecía que hubieran huido despavoridas. Todo se había hecho ordenadamente y no había signos de que hubieran sido víctimas de una situación caótica ni de ataque alguno.

—¡Ah! —suspiró Chava—. Nos queda mucho trabajo por hacer antes de poder resolver estos misterios.

—Ya que lo menciona —dijo Ellen—. Espero que podáis perdonarme, pero tengo que volver al trabajo. Me gustaría hacer algo más antes de acabar la jornada.

Chava y yo nos quedamos en la cima durante unos minutos más, contemplando la bóveda de las copas de los árboles. Me volví para mirar a Ellen, quien seguía acuclillada en la zanja. Allí arriba había menos sombra y, aunque el sol no estaba tan alto como a la hora en que habíamos llegado, todavía hacía calor.

—Hay algo que no entiendo —le dije a Chava.

Chava ladeó la cabeza.

—El trabajo. La excavación. Parece que va todo muy despacio. Creía que el diseño electrónico y técnico era lento, pero esto... —Hice un gesto con la mano en dirección a Ellen—. Esto avanza de forma milimétrica. ¿Cómo lo hacéis?

—Sí, entiendo —respondió Chava sonriendo—. Puedes estar trabajando todo el día y, cuando terminas la jornada, ¿qué has hecho? Has movido un par de kilos de tierra.

Me encogí de hombros.

—Es fácil subestimar el trabajo que hacemos. Los trabajadores de campo estadounidenses se autodenominan «los de la pala». No hay que olvidar que nuestro trabajo no puede hacerse con prisas, tenemos que ser pacientes. Sobre todo, debemos trabajar con cuidado, con precisión, con la máxima profesionalidad, aunque nos muramos de aburrimiento o nos mate la impaciencia. Es muy fácil destruir objetos importantes o pasar por alto algún hallazgo.

Chava empezó a caminar hacia la escalera en ruinas. Se volvió para mirarme.

—Cada recuadro excavado puede parecer pequeño, Jonathan, pero juntos, todos estos pequeños yacimientos pueden dar como resultado un importante descubrimiento histórico, un verdadero hito en el conocimiento. Me gusta pensar que si nosotros, «los de la pala», hacemos bien nuestro trabajo, nuestra pequeña contribución puede ser la semilla de algo verdaderamente importante. En realidad, podemos resolver misterios.

De regreso a casa en la ranchera, Sikina insistió en que me sentara junto a la ventanilla, mientras ella se apretujaba para acomodarse entre Chava y yo. Mantuve la ventanilla abierta todo el camino, y de vez en cuando asomaba la cabeza como un golden retriever tontorrón. El aire seco que me daba en la cara me producía una sensación maravillosa. En cuanto empezamos a adentrarnos en las calles flanqueadas por casas de Oxkutzcab, hubo otra razón por la que seguí con la cabeza asomada por la ventanilla: el seductor aroma a comida. Me di cuenta de que estaba hambriento, aunque también era consciente de que, como habíamos estado todo el día fuera de casa, era poco probable que la cena estuviera lista a nuestra llegada.

—Se me ha ocurrido algo —dije a Chava y a Sikina—, ¿por qué no os invito a cenar en algún restaurante de la ciudad? Habéis pasado gran parte del día dedicados a entretenerme.

—¡Oh, no! —exclamó Sikina—. No puede ser. Zama está esperándonos.

Resultó que nos dirigíamos a casa de la hija casada de Chava y Sikina. Su marido y ella nos habían preparado una opípara cena.

Fue una noche multitudinaria y bulliciosa. Además de Zama, su esposo y sus tres niños pequeños, varios vecinos se pasaron por allí para saludar. Tocaron música, me llenaron la copa una y otra vez y tuve el plato rebosante de comida toda la noche. Mientras los niños se perseguían por el patio trasero, no podía dejar de contemplar al hijo de seis años de Zama, Eme. Era algo menor que Adam, pero por su risa contagiosa y la forma en que su cuerpo estaba en constante movimiento, incluso estando sentado, Eme me recordaba a mi hijo. Cuando acabé de comer, salí de la casa hacia la calle sin asfaltar, donde todo era un poco más silencioso. Intenté llamar a casa, pero la cobertura de mi móvil había sido un poco irregular desde que había llegado a México y no pude establecer la llamada. Por eso escribí un mensaje a Adam.

«Qué pasa, colega. Estoy viendo unas cosas maravillosas. Cuando tenga más tiempo te lo contaré todo. Pero justo ahora quería decirte que te quiero.»

El mensaje se enviaría en cuanto el teléfono tuviera cobertura. Mientras tanto, regresé a la fiesta, pero ya no estaba verdaderamente presente en ella.

Chava pareció darse cuenta de lo callado que me había quedado desde mi regreso, y, al cabo de una media hora, me sugirió que nos fuéramos. Mientras estaba tumbado en la cama esa noche, tras haber escrito algo en el cuaderno sobre lo que había sentido al ver la familia feliz de Chava, sentí una fuerte presión en el pecho por la nostalgia. Deseaba más que nada en el mundo que mi hijo estuviera tumbado a mi lado. ¿Cómo había sido capaz de no valorar esos momentos cuando habían estado a mi alcance?

A la mañana siguiente, Chava y yo nos dirigimos al aparcamiento en la oscuridad que precede al alba. Durante la noche había estado dando vueltas a la idea de pedir a Sikina que me llevase al aeropuerto de Mérida por la mañana para intentar conseguir un vuelo que me permitiera marcharme antes de México. Pero entonces volví a pensar en lo que había dicho Ayame. Julian había preparado aquel recorrido por algún motivo. Es más, al parecer, Chava estaba decidido a proseguir con mis lecciones sobre cultura maya, y yo no quería interrumpirlas bruscamente. Había insistido en que saliéramos hacia Uxmal antes del amanecer.

—Cuando sale el sol, llega la gente. Es mejor que veas el lugar vacío, o casi vacío.

Chava tenía muchos contactos con las personas que dirigían el yacimiento, por eso, un guardia de seguridad había recibido la orden de reunirse con nosotros en la entrada del edificio que hacía las veces de puerta de entrada a los templos y las ruinas. Distinguimos su figura uniformada ante la puerta de entrada al museo.

Al acercarnos, Chava y él intercambiaron un par de palabras en maya, y el guardia nos abrió la puerta. Luego señaló en dirección al vestíbulo y dijo algo más.

—Conozco el camino —anunció Chava—. Tú sígueme.

Pasados diez minutos ya estábamos en el exterior. Bajo la tenue luz, una magnífica pirámide se alzaba ante nosotros; tenía más de treinta metros de altura y sesenta metros de ancho, como mínimo. A diferencia de la pequeña pirámide que había visitado el día anterior o de las fotos que había visto de otras pirámides mayas, esta tenía una base ovalada.

—El Templo del Mago —dijo Chava.

Mientras estábamos ahí de pie, el sol empezó a salir a nuestra espalda. A medida que ascendía, su luz iba reflejándose en las piedras del templo y las hacía destellar con su fulgor dorado, como si una enorme hoguera hubiera sido encendida en el interior de la pirámide.

Chava se inclinó hacia un lado para acercarse a mí y me dijo entre susurros:

—Asombroso, ¿verdad? Piensa en los hombres que construyeron esto. Hombres del pueblo, como tú y como yo, capaces de lograr algo tan increíble, tanta grandeza.

Asentí en silencio, estupefacto por lo que estaba contemplando.

Nos quedamos mirando la pirámide mientras el cielo se iluminaba a nuestro alrededor. Entonces Chava empezó a caminar. Se dirigía hacia el monumento.

—Ya no se permite a los turistas subir estos peldaños, pero nosotros disponemos de una licencia especial.

En lugar de dirigirse hacia los escalones que teníamos justo delante, Chava rodeó la base de la pirámide. La idea de subir la pirámide me parecía emocionante. De pronto me alegré de que Chava estuviera tomándose tan en serio mi formación.

—Se sube mejor desde el otro lado —me explicó mientras me llevaba hacia la vertiente opuesta del monumento.

Al situarme ante la base de la pirámide, con toda su grandeza pétrea elevándose ante mí, fui consciente de su descomunal altura. Sería una ascensión dura. Chava empezó a subir y yo le seguí. Fuimos subiendo poco a poco los sólidos y desgastados peldaños. Eran empinados y estrechos, y la sensación de estar ascendiendo por una enorme escalinata abierta resultaba desconcertante. Chava me contó que muchas pirámides tenían cadenas de metal a modo de barandilla para agarrarse a medida que uno subía. Entendí el porqué. Cuando por fin llegamos a lo alto, estaba sudando como si acabara de correr una maratón.

—Esta es la mejor panorámica de Uxmal —dijo Chava—. Siéntate, descansa y mira.

Chava dejó su pequeña mochila de lino en el suelo y se sentó sobre los talones. Yo lo imité.

El yacimiento de Uxmal se extendía a nuestro alrededor a lo largo de cientos de hectáreas. Gran parte de los restos de la antigua ciudad estaban todavía cubiertos de vegetación. La única pista de que allí habían existido edificios y calles eran unas extensiones planas interrumpidas por explanadas elevadas y rectangulares. Justo debajo de nosotros, no obstante, había toda una serie de enormes ruinas de piedra.

Chava me explicó que cuando Uxmal estaba habitada, las casas ocupaban muchas más hectáreas de las que podía ver ante mí. Señaló otra pirámide, cubierta casi en su totalidad por la vegetación, llamada la Gran Pirámide, y me habló de las otras muchas edificaciones en ruinas que podíamos contemplar a nuestro alrededor.

—¿Has escuchado alguna vez la leyenda sobre esta pirámide? —me preguntó Chava tras describir la ciudad que teníamos a nuestros pies.

Negué con la cabeza.

—Hay varias versiones diferentes de la misma historia —comentó Chava.

La leyenda que me relató Chava contaba cómo, hacía muchos años, el rey de Uxmal recibió la advertencia de que el día que tañeran cierto gong de la ciudad, su imperio caería en manos de un hombre no nacido de mujer. Y, de hecho, un día, el gong sonó y el rey descubrió, consternado, que la persona que lo había tañido era un niño enano extraído de un huevo de una mujer anciana y ya estéril. Llamó al enano a su palacio, dispuesto a ejecutarlo, pero de pronto cambió de opinión. En lugar de matar al niño allí mismo, decidió encomendarle una tarea imposible. Si el enano podía construirle un magnífico templo, más alto que cualquier otro edificio de la ciudad, y lograba hacerlo en una sola noche, salvaría la vida.

Cuando el rey se despertó a la mañana siguiente, quedó perplejo al descubrir una majestuosa pirámide que se elevaba ante él. El enano salvó la vida y la pirámide fue conocida como el Templo del Mago.

—En algunas versiones de la historia, el enano es creado por una anciana de la noche a la mañana. En otras, le hacen pasar por numerosas pruebas de fuerza e ingenio, incluida la construcción de la pirámide. Pero todas las versiones tienen una cosa en común —dijo Chava—: la idea de que esta extraordinaria estructura fue creada en el espacio de una sola luna.

Chava sacó dos botellines de agua de su mochila. Me tendió una y dio un sorbo a la otra, luego se secó la boca con el dorso de la mano.

—Tal vez sea por el trabajo al que me dedico —prosiguió—, pero ese relato me fascina. Dice mucho sobre nuestros deseos, sobre nuestros sueños. ¿Qué desea el rey? No, no es tan relevante que quiera un gran templo. Habría podido obligar a sus súbditos a construirlo en cualquier momento. Lo que quiere es que esa notable edificación sea erigida ¡en una sola noche!

—Supongo que algunas cosas nunca cambian —dije riendo—. Todo el mundo lo quiere todo con prisas.

—Sí, exacto —dijo Chava—. Pero eso no es posible, ¿verdad? Al fin y al cabo, la realización del deseo del rey prueba que el enano es un mago. No está en manos de un simple humano el hacer algo realmente maravilloso en un instante. Las personas necesitan paciencia. Las personas necesitan construir las cosas poco a poco, poner un ladrillo tras otro. A pesar de lo mucho que nos guste conseguir objetivos asombrosos en poco tiempo, no es la forma en que funciona nuestro mundo. La genialidad es un proceso.

Chava se había colocado la mochila sobre su regazo y estaba rebuscando algo en su interior. Transcurridos unos segundos, sacó una bolsita de tela y me la dio.

—¿La abro ahora? —pregunté.

Chava asintió en silencio.

La parte superior de la bolsita de tejido rojo estaba cerrada con un cordón. Estuve toqueteando el nudo hasta deshacerlo, levanté la bolsita y volqué su contenido en mi regazo. Había una nota y un pequeño objeto de arcilla roja. Lo recogí y lo miré con detenimiento. Parecía una pirámide en miniatura.

Desdoblé la hoja de papel y leí lo que tenía escrito:

Realiza pequeños progresos diarios

La manera en que hacemos las pequeñas cosas determina la manera en que hacemos todo. Si realizamos las tareas menores de modo correcto, también tendremos éxito en los esfuerzos más importantes. La maestría se convierte así en nuestra forma de ser. Pero más importante que esto es que cada pequeño esfuerzo sirve para realizar los siguientes, para que así, ladrillo a ladrillo, podamos construir verdaderas maravillas. Esto genera una gran confianza en uno mismo y se hacen realidad los sueños extraordinarios. Los verdaderos sabios reconocen que los pequeños progresos diarios siempre derivan en resultados excepcionales a largo plazo.

El sol estaba bastante más alto en el cielo que cuando habíamos iniciado la subida. El calor que irradiaba empezaba a ser abrasador. Me levanté un faldón de la camisa y me enjugué parte del sudor de la frente.

Chava me miró de reojo y se incorporó enseguida.

—Siento haberte tenido aquí arriba durante tanto tiempo —dijo—. Sé que no estás acostumbrado a las temperaturas tan elevadas. Vámonos. En el camino de descenso quiero enseñarte algo más.

Iniciamos nuestro descenso, que me pareció más arduo que la ascensión. Al bajar por aquellos escalones tan inclinados y estrechos, mirando a la explanada, me di cuenta de la altura a la que estábamos y fui consciente de la ausencia de algo que impidiera mi caída si tropezaba o resbalaba en aquellos peldaños de piedra tan desgastada. Me sentí aliviado cuando Chava me hizo un gesto para que dejase de agacharme y que, en lugar de eso, bajase de lado. Chava iba por delante de mí, pero al final se detuvo frente a un enorme pórtico levantado a un costado de la pirámide.

—Esto —dijo Chava, con un florido gesto de la mano al indicar el pórtico— es lo irónico de esa leyenda, en mi humilde opinión.

—¿Por qué? —pregunté.

—Se supone que esta pirámide fue construida en una sola noche, pero no puede haber nada más alejado de la verdad. En realidad su construcción duró cientos de años. De hecho, se reconstruyó una y otra vez. ¡Cinco veces! Y en cada reconstrucción, la nueva pirámide era erigida sobre la anterior. Mis antepasados pensaban que eso imbuía a los templos de todo el poder acumulado y la grandeza de sus predecesores. Este pórtico no es más que el resto de una de las primeras pirámides que se construyeron aquí. Lo que ves a tu alrededor se añadió más adelante.

—¡Vaya! —exclamé. Estaba contemplando los grabados de criaturas místicas, o tal vez fueran dioses mayas, que decoraban el dintel del pórtico. Era una obra compleja y llena de detalles. En realidad, solo un mago podría haber construido aquello en unos meses, ni que decir tiene en una sola noche.

—Ayer te contaba que esperábamos poder descubrir las claves de la caída el Imperio maya —dijo Chava—. Pero lo que realmente me interesa son los orígenes, cómo llegó a existir todo esto. Tú has dicho que una excavación arqueológica es un trabajo lento, meticuloso, pero la creación de una civilización, la edificación de ciudades gigantescas, de estas pirámides... eso sí que fue un trabajo lento y meticuloso.

Asentí en silencio, y ambos permanecimos callados un instante.

—Está bien recordarlo —comentó Chava en voz baja—. Todo gran sueño empieza por algo pequeño.

Fue Chava quien, al día siguiente, me llevó en coche hasta el aeropuerto de Mérida. El trayecto duró al menos dos horas y, después de charlar amigablemente la primera media hora, nos quedamos callados. Saqué el teléfono, pero seguía sin señal. En lugar de enviar un mensaje, empecé a mirar algunas fotos que tenía guardadas. Me detuve en una fotografía de Adam vestido con el equipo de fútbol, con el pie apoyado discretamente sobre un balón.

Chava echó un vistazo.

—Echas de menos a los tuyos —dijo.

—Pues sí.

—Vas de camino a casa, Jonathan —respondió pasado un rato—. Vas de camino a casa.

Habíamos pasado por el pequeño pueblo de Ticul, dejamos atrás un territorio ganadero bastante abandonado y unos pastos más bien pedregosos. Nos quedamos sentados en silencio un rato más hasta que yo saqué el cuaderno de la mochila y la última nota. Había estado escribiendo mis reflexiones sobre el viaje, sobre los talismanes y sobre las cartas, como Julian me había pedido. Pero no estaba completamente seguro de qué me había hecho sentir ese último mensaje.

Al final, Chava miró el cuaderno que tenía abierto sobre mi regazo y dijo:

—Jonathan, ¿Sikina te ha hablado sobre nuestro hijo, Avali?

—Solo me ha dicho que vive en Ciudad de México y que lo echa de menos —respondí.

Eso hizo que Chava soltara una risotada. Lo miré con gesto interrogante.

—Lo siento —dijo—, no puedo creer que no te haya contado nada más. Avali es médico. Sikina está muy orgullosa de él. Por lo general, es una de las primeras cosas que cuenta.

—Entiendo por qué está tan orgullosa.

Se hizo un pequeño silencio y Chava prosiguió.

—Cuando Avali tenía ocho años acudió a mí y me dijo: «Papá, quiero ser médico y ayudar a los enfermos. ¿Qué tengo que hacer?». Bueno, Jonathan, ¿qué podía decir yo? Ni Sikina ni yo fuimos a la universidad. Gran parte de mi familia no pasó de la escuela primaria. Y no solo eso. Ninguno de nosotros había dejado jamás la península de Yucatán. No tenía ni idea de qué tenía que hacer alguien para convertirse en médico. Pero ahí estaba el pequeño Avali, con sus esperanzas de niño; me di cuenta de que debía hacer algo. Lo senté sobre mis rodillas y le dije: «Hijo, así es como vas a empezar. Mañana irás a la escuela y escucharás lo que diga el maestro. Y te esforzarás más de lo que te hayas esforzado jamás. Y luego volverás a casa y me contarás lo que has aprendido».

Chava sonreía tímidamente, como si estuviera viendo a su joven hijo delante de él. Asintió con la cabeza con un gesto apenas perceptible y prosiguió.

—Así empezó. Antes de cada examen, antes de cada trabajo, yo le decía: «Hazlo bien ahora y estarás en la buena senda para convertirte en médico». Nadie sabe cómo es el camino que nos queda por recorrer, así que debemos concentrarnos en el paso siguiente. A medida que iba creciendo, fuimos hablando con todo el mundo: con los arqueólogos e investigadores de los yacimientos en los que yo trabajaba, con las enfermeras y doctores del hospital, e incluso con los turistas que conocíamos en las ruinas o en el pueblo. Lento pero seguro, Avali, Sikina y yo fuimos averiguando cuál debía ser el paso siguiente. Antes de poder darnos cuenta, Avali estaba licenciándose en medicina por la Universidad de Ciudad de México.

—Los pequeños progresos diarios pueden derivar en grandes logros, ¿verdad? —dije.

—La más pequeña de las acciones es siempre mejor que

la mejor de las intenciones —sentenció Chava—. Y los resultados siempre tienen mayor repercusión que las palabras.

Como el resto de guardianes, Chava entendía con claridad, y ponía en práctica, la sabiduría que simbolizaba el talismán. Lo veía en su trabajo y lo había visto en su hijo. Pero ¿cómo encajaría en mi vida? No estaba seguro de para qué valioso logro debería haber estado luchando, para qué fin y sueño debería haber estado dando pequeños pasos en ese momento. Antes pensaba que era para el puesto de director ejecutivo, o para comprar una gran casa, o incluso el Ferrari, como había hecho Julian. Sin embargo, ya no lo tenía tan claro. No fue hasta llegar al aeropuerto cuando garabateé algo en el cuaderno. «Abdominales», escribí. A la mañana siguiente, empezaría el día con veinte abdominales. Sería mi punto de partida.

Me resultó sorprendentemente difícil despedirme de Chava. Sikina y él me habían recordado muchísimo a mis padres. Y me di cuenta de que habría deseado pasar más tiempo con su familia. Tal vez si mi destino hubiera sido mi casa, no me habría sentido así. Sin embargo, volvía a dirigirme hacia lo desconocido; esta vez, Barcelona. En el aeropuerto conseguí por fin señal para el móvil. Llamé a Annisha, pero saltó el contestador. Decidí escribirle otro mensaje, a ella y a Adam, para hablarles de mi estancia en México. Al abrir el buzón me percaté de que tenía un mensaje de Tessa. Eso sí que era raro. No estábamos colaborando en ningún proyecto.

Hola, Jonathan:

Hoy he hablado con Nawang para preguntarle cuándo volverías. Me ha dicho que no lo sabía. Cree que no vas a regresar. Me ha entristecido mucho saberlo, y me sorprende. Sentirme así me ha hecho pensar. No sé muy bien cómo decirte esto, así que voy a ir directa al grano. Se rumorea que estás en proceso de divorcio. Quizá sea demasiado pronto para ti, pero siempre he tenido la sensación de que había algo entre nosotros. Si no vuelves a trabajar en la empresa, no querría que perdiésemos la oportunidad de estar juntos. Creo que podríamos hacernos mucho bien mutuamente. Bueno, estoy divagando. Solo quería que supieras que pienso en ti.

TESSA

Capítulo 7

Cuando tenía cinco años, mi padre me llevó a mi primer partido de baloncesto. No fue de la NBA, pero sí el encuentro más emocionante que he visto en mi vida.

Eran las semifinales escolares de primaria y se jugaban en el colegio público Parkview, donde mi padre era profesor de sexto curso. Yo había estado allí el verano anterior, cuando mi padre preparaba el aula para su primer día de clase. Mi hermana y yo dibujábamos en hojas recicladas mientras él colgaba pósters de animales y de personas que no conocíamos. Todos los pósters tenían algo escrito, aunque yo no tenía ni idea de lo que decían. Pero tenía muy claro que mi padre debía de ser un lumbreras para enseñar matemáticas, lectura y todo lo demás a niños y niñas de la avanzada edad de once años.

Ese partido de baloncesto, no obstante, fue la primera prueba de que mi padre tenía habilidades y responsabilidades que iban más allá de su trabajo en las aulas. Me senté en el extremo de un alargado banco de madera, en un gimnasio enorme. Chicos y chicas que parecían lo bastante mayores como para ser adultos, al menos vistos a través de mis ojos de niño, hacían estiramientos apoyados sobre el banco. Mi padre estaba hablándoles, dándoles instrucciones. Todos y cada uno de esos chicos tenían los ojos clavados en él: escuchaban cada palabra que decía como si estuviera compartiendo con ellos los secretos del universo.

No recuerdo nada relativo al partido. Lo único que recuerdo es lo henchido de orgullo que me sentía cuando mi padre hablaba a su equipo; además, cada vez que lo hacía, se volvía para mirarme y me sonreía.

En cuarto curso, sin embargo, ese partido era el pasado lejano y el orgullo que sentía entonces se había convertido en preocupación. Mi profesora era la señorita Higginbottom, una mujer que a veces iba a trabajar con un rulo olvidado en la nuca. Llevaba una ropa tan poco conjuntada que incluso los niños de nueve años nos percatábamos de lo dispar de su atuendo. La señorita Higginbottom conseguía controlar a la clase solo con la ayuda de la señorita Dorman, de la clase de al lado, y las frecuentes visitas del director. Pero, pese a la constante amenaza de castigos y deberes añadidos, no conseguía impedir que nos reuniésemos a la hora del patio para inventarle groseros apodos. La señorita Higginbottom estaba dejándome muy claro que los maestros no tenían por qué ser siempre figuras respetables; que los profesores podían ser a menudo objeto de burla.

Estaba bastante seguro de que mi padre no tenía nada que ver con la señorita Higginbottom, de que los niños no copiaban el examen del compañero de al lado en cuanto él se volvía de espaldas, ni intentaban hacerle creer que habían perdido un trabajo que jamás se habían molestado en entregar. Sin embargo, no podía dejar de hacerme una pregunta: si habían dejado que la señorita Higginbottom fuera profesora, ¿qué decía eso de mi padre?

En séptimo curso, mi visión sobre la condición divina de mi progenitor se había difuminado. En ese momento, lo único que podía pensar era que mi padre había escogido pasarse la vida rodeado de niños. Los padres de mis amigos eran médicos o abogados, operadores de carretilla elevadora o empresarios. Llegaban a casa por las noches con sus caros maletines llenos de documentos, o sus cascos de obra blancos en la parte trasera de la ranchera. Mi padre volvía a casa con montones de trabajos mal grapados sobre el «Hantiguo Egipto» y un sinfín de deberes de fracciones y decimales.

En el instituto ya estaba seguro. La razón por la que mi padre era profesor de escuela primaria, la razón por la que siempre tenía el mismo cargo, era que carecía de ambición; suponía un defecto tan notable que ni siquiera era capaz de reconocer lo vergonzoso de su carrera. Descubrí que le habían propuesto ser subdirector o director en varias ocasiones, pero que él había rechazado la oferta. Afirmaba que adoraba la clase y que, si no podía enseñar, era mejor que se dedicase a otra cosa. Pero yo sabía la verdad: mi padre era un vago.

Cuando inicié mi vida laboral, llegué a reconocer que mi padre no era, ni por asomo, como la señorita Higginbottom. Entendí que realmente amaba lo que hacía y que era bueno en ello. Sin embargo, el tema de su ambición se-

guía preocupándome. En eso pensaba cuando Lluís Costa
me contó su historia.

Lluís se había reunido conmigo en el aeropuerto de Barcelona. Al igual que Ahmet, sostenía un pequeño cartelito
con mi nombre. Debía de tener treinta y pocos, aunque
conservaba el aspecto de un niño, con el pelo negro muy
corto y rizado. Llevaba una arrugada americana de color
azul marino y pantalones bombachos de color gris. Su cor-
bata de intenso color rojo destacaba sobre el blanco de su
camisa.

—*Hola*, *hola*, bienvenido, Jonathan —dijo—. Lluís Costa
a tu servicio. Es un gran placer conocer a un miembro de la
familia de Julian.

Antes de poder responder, Lluís me colocó las manos
en los brazos, se inclinó sobre mí y me plantó dos besos en
las mejillas.

—Bueno —dijo, y me rodeó con un brazo por los hombros—, vamos a conocernos mejor cenando y bebiendo
una buena botella de vino.

Las confianzas que se tomaba Lluís me hicieron sentir
algo incómodo. Había disfrutado del tiempo que había pasado con Ahmet, Ayame, Chava y Sikina, pero mi misión
no consistía en hacer nuevos amigos. Yo solo quería los talismanes e irme a casa.

Lluís me condujo hasta el exterior de la terminal, a la
parada de taxis que estaba a la salida. En lugar de dirigirse
al primer taxi de la fila se dirigió al último. Abrió la puerta

trasera con una floritura e hizo un gesto hacia el asiento vacío como diciendo: «Tú primero». Sin embargo, yo no me moví. El taxi estaba vacío, totalmente vacío.

—Lluís —dije—, no hay conductor. El taxista no está en el coche.

—No, claro que no —respondió—. Se reunirá contigo dentro. El conductor soy yo, Jonathan. Este taxi es mío.

Me resultaba extraño ocupar el asiento trasero cuando mi acompañante, fuera o no el taxista, se encontraba en el asiento de delante, pero Lluís insistía en que entrase en el coche. En cuanto estuve sentado, abrió el maletero y metió mi equipaje dentro. Vi cómo saludaba y hablaba a voces a los demás conductores al pasar junto a ellos antes de subirse al coche. Lluís tenía una alegría que no suele ser muy común en los taxistas, al menos, en los taxistas de mi ciudad. Al situarse ante el volante, se volvió para mirarme.

—Bueno, Jonathan. ¿Ya has estado en Barcelona?

Cuando negué con la cabeza, Lluís asintió.

—Entonces estás de suerte. Soy el conductor indicado para enseñarte la ciudad. Pero, lo primero es lo primero, debes de estar cansado. Te he reservado una habitación en un hotel genial del barrio del Eixample. Te llevaré hasta allí para que puedas refrescarte y descansar. Luego te recogeré a las nueve e iremos a cenar al paseo marítimo. ¿Te parece bien?

Debía admitir que Lluís era buen conductor. Se movía entre el tráfico con mucha soltura. El aire en el vehículo era fresco, pero no frío. Sonaba música clásica a un volumen muy agradable. Me fijé en una bolsa de tela que colgaba del respaldo del conductor. En su interior había una caja de pañuelos de papel, una botella de alcohol en gel para desinfectarse las manos y paquetes de toallitas húmedas. En un sobre colgando del respaldo del asiento del acompañante había montones de coloridos folletos. Saqué uno del montón: era un mapa turístico de Barcelona con guía de museos y galerías de arte. Me pregunté si todos los taxis de la ciudad estarían tan bien equipados.

En cuanto llegamos al centro de la ciudad, Lluís empezó a moverse con pericia por las estrechas calles.

—Puede que este no sea el camino más directo, pero sí el más pintoresco. Se me ha ocurrido que te gustaría ver parte de la arquitectura del siglo xix de esta parte de la ciudad. Es bastante impresionante.

Tenía razón. Muchos de los edificios me recordaban a las edificaciones de estilo modernista de París y Nueva York, con sus ornamentadas fachadas de piedra, sus balcones de forja y sus enormes ventanales con parteluces.

—¡Vaya! —exclamé cuando pasamos por una iglesia llena de detalles: con puntas como de arena mojada y redondeadas almenas.

—¡Es la Sagrada Familia, de Antoni Gaudí! La edificación más famosa de Barcelona. Si te interesa, volveremos mañana. Nadie debería marcharse de esta ciudad sin haber visto de cerca la obra de Gaudí.

Dejamos atrás la iglesia, doblamos la esquina y nos detuvimos ante un semáforo en rojo. Al ponerse en verde, Lluís pisó suavemente el acelerador. Ni siquiera habíamos llegado al centro de la intersección cuando el rugido de un motor que aceleraba me hizo volver la cabeza de golpe. Otro taxi apareció por el cruce y estaba saltándose el semáforo en rojo. No parecía tener intención de frenar. Estaba seguro de que iba a chocar contra la puerta que estaba justo a mi lado. Con el corazón en un puño, me tiré hacia el otro lado del asiento y me cubrí la cabeza con los brazos. Noté que nuestro taxi avanzaba dando un golpe brusco, luego oí un frenazo, chirrido de ruedas y el ruido metálico del impacto entre coches. Pero, milagrosamente, nuestro vehículo seguía avanzando con suavidad, aunque más lentamente. Levanté la cabeza y miré. Lluís estaba estacionando el taxi, con mucho cuidado, al otro lado de la intersección. Había conseguido adelantar por los pelos al coche que se nos había echado encima a toda velocidad y había evitado el impacto. Tras estacionar, Lluís puso las luces de posición y se volvió hacia mí.

—¿Estás bien, Jonathan? —preguntó.

Asentí. Ambos miramos por la ventanilla trasera. El otro taxi había chocado contra el radiador de un coche que circulaba por el sentido opuesto del cruce de calles. Había marcas de frenada serpenteantes en el centro de la intersección donde el taxi había patinado y el conductor había ido dando volantazos hasta lograr pisar el freno.

Antes de poder recobrar la compostura, Lluís ya había bajado de un salto del coche y se dirigía a toda prisa hacia el lugar del accidente. Cuando yo llegué, él ya había ayudado a una mujer que parecía atónita y a una pequeña niña asustada que viajaban en la parte trasera del taxi. La mujer se sujetaba la cabeza y Lluís estaba agachado, hablando con la pequeña. El conductor del coche contra el que habían chocado había conseguido abrir la puerta y estaba de pie en la acera, algo inestable. Parecía conmocionado, aunque no herido.

Me acerqué al taxi accidentado y me asomé por la ventanilla del copiloto. El taxista estaba inclinado hacia delante, con la cara pegada al volante. Le caía sangre por la frente.

La policía y la ambulancia llegaron en cuestión de minutos. A esas alturas, el taxista había recobrado la conciencia e intentaba explicar a Lluís qué había ocurrido. Parecía muy joven y disgustado. Al final, los paramédicos se acercaron y echaron un vistazo a las heridas del taxista. Mi anfitrión y yo nos acercamos al coche patrulla para prestar declaración ante la policía. Lluís me hizo de intérprete, y luego esperamos a que la pasajera del taxi contase su versión. Los paramédicos se ofrecieron a enviar otra ambulancia para llevar a la madre al hospital, para que le hicieran un chequeo, pero la mujer dijo que tanto su hija como ella estaban bien. En cuanto la ambulancia se fue y los policías se marcharon, Lluís volvió a acercarse a la mujer y le habló con dulzura. Al final, ella asintió y Lluís se volvió hacia mí.

—La he convencido para que me deje llevarla al hospital, solo para asegurarnos de que está bien. Espero que no te importe otro pequeño retraso, Jonathan.

—Por supuesto que no —respondí.

Lluís regresó al taxi tras acompañar a la mujer y a su hija a urgencias.

—Siento que hayas tenido que empezar tu visita a Barcelona de esta forma, Jonathan.

—Por favor, no te preocupes por mí —dije.

Debo admitir que el accidente me había puesto un poco nervioso, pero, si Lluís no hubiera sido el conductor de mi taxi, las cosas podrían haber ido mucho peor. Me sentía afortunado, no tratado injustamente.

Veinte minutos después, estacionamos frente a un edificio de piedra blanca, ventanas arqueadas y maceteros de forja. Un portero de librea estaba situado frente a una gigantesca puerta giratoria con ribetes dorados. Lluís aparcó en el lugar destinado a los taxis y saludó al portero con la mano antes de bajar del coche. Vi cómo corría a abrirme la puerta, pero yo descendí antes del coche. Lluís sacó mi equipaje del maletero. Al aproximarnos a la entrada del hotel, el portero saludó por su nombre a Lluís e intercambiaron unas cuantas palabras mientras el trabajador del hotel nos abría una pesada puerta de cristal situada a un lado de la puerta giratoria. En cuanto estuvimos en el vestíbulo, Lluís saludó con la mano a un botones que se dirigía hacia nosotros y fue directo a la recepción, donde estaba el conserje. Detrás del mostrador había un hombre alto y delgado leyendo. Al levantar la vista y ver a Lluís acercándosele, levantó las manos y exclamó:

—*Bon dia*, Lluís!

El hombre salió de detrás del mostrador para abrazar a mi anfitrión antes de volverse hacia mí.

—Este es el apreciado huésped del que ya te había hablado. Jonathan Landry, primo de Julian —dijo Lluís.

El conserje se mostró muy efusivo.

—Tengo una habitación maravillosa para usted —anunció—. Pero si hay algo más que pueda hacer por usted, hágamelo saber.

Me dio la llave de una habitación e hizo un gesto al botones. Me despedí de Lluís y seguí al botones hasta los ascensores. Mi habitación estaba en la octava planta. Respiré hondo cuando se abrieron las puertas y entré a toda prisa antes de arrepentirme.

Cuando llegamos arriba, el botones me abrió la puerta, dejó las maletas en la habitación y se fue. Era una estancia elegante: grande y espaciosa, con enormes ventanales con vistas a la calle y a un parque a lo lejos. Había un gran jarrón de tulipanes blancos colocado sobre una mesita junto a la ventana, y también una cesta de fruta y bombones sobre la cómoda. Me quité los zapatos con los pies, me tumbé sobre la amplia cama doble y saqué el móvil.

En cuanto recibí el mensaje de Tessa, contesté de inmediato. No a Tessa, sino a Nawang. ¿Qué era lo que estaba contando a todo el mundo? «Por supuesto que voy a volver —respondí—. No siempre tengo buena cobertura, pero consulto el buzón siempre que puedo. Por favor, mantenme informado de cualquier problema o avance. Haré todo lo posible por responder en cuanto tenga la oportunidad.»

Durante el vuelo desde México, releí varias veces el mensaje de Tessa. Me había hecho olvidar de golpe la nostalgia que sentía por regresar a mi hogar. En primer lugar, había hecho que volviera a preocuparme por el trabajo. ¿Nawang estaba aprovechándose de mi ausencia para quedarse con mi puesto? Siempre había confiado en ella, pero ¿había sido demasiado ingenuo? ¿O era esa la forma en que David se vengaba de mí por haberle causado tantos inconvenientes? ¿Estaba haciendo que mis clientes creyeran que Nawang era quien estaba al mando ahora?

Mientras no paraba de obsesionarme con toda clase de paranoias, seguía escuchando el eco distante de las palabras de Julian: «Las personas que desconfían de los demás, desconfían de sí mismas». Quizá debiera andarme con cuidado, pero aquella preocupación tan desmedida no me hacía ningún bien. Además, no me gustaba cómo me hacía sentir.

Sin embargo, el mensaje personal de Tessa era más engorroso que mis preocupaciones laborales. Por supuesto que había surgido algo entre Tessa y yo durante los últimos meses. Era una de las cosas a las que me aferraba cuando todo empezó a ir mal. Después de una discusión con Annisha o de una noche solitaria en mi piso, llegaba al despacho y veía la cara sonriente de Tessa. Aunque siempre había sido algo un tanto ambiguo. Con el mensaje, Tessa lo había convertido en algo concreto, real.

Cuando volví a presentarme en el vestíbulo del hotel a las nueve, localicé enseguida la silueta bajita y acicalada de Lluís. Se encontraba junto a una de las puertas laterales, con las manos a la espalda, balanceándose ligeramente de atrás hacia delante sobre los talones. Era evidente que estaba esperándome, aunque la amable sonrisa que lucía en el rostro indicaba que no le molestaba.

Tenía el taxi aparcado justo en la puerta del hotel. Esta vez dejó que me sentara en el asiento del acompañante. Durante el viaje, Lluís iba hablando amigablemente.

—Qué lástima que te quedes tan poco tiempo en esta fantástica ciudad —dijo—. Hay muchas cosas que ver. Yo siempre digo que es una ciudad de esplendor artístico.

Estaba claro que íbamos por una parte mucho más antigua de la ciudad. Las calles eran cada vez más estrechas y oscuras.

—¿De verdad? —pregunté.

—Sí, ya sé; cuando se habla de artistas excepcionales, la gente piensa en Florencia, Roma, París. Piensan en el Louvre, en la galería de los Uffizi o en la Capilla Sixtina. Pero Barcelona... Barcelona es la ciudad de muchos de los grandes artistas del último siglo. Joan Miró, Salvador Dalí, Pablo Picasso. Y, por supuesto, el gran arquitecto Antoni Gaudí. Todos ellos genios.

Me dio la sensación de que Lluís estaba en su salsa. Habíamos llegado a lo que debía de ser el casco antiguo de la ciudad; la pátina de los siglos cubría todos los edificios y callejones adoquinados. Algunas de las calles eran tan estrechas que yo dudaba que el coche pudiera pasar, pero Lluís, sin dejar de hablar ni un momento, al tiempo que iba gesticulando con la mano izquierda, maniobraba por ellas como si nada. Era evidente que el episodio del accidente no debió de afectarle mucho.

—Sí, hay muchos lugares en el mundo donde uno puede contemplar las maravillosas obras de Picasso. Al fin y al cabo, tiene cincuenta mil en total. Pero ¿en qué otro lugar del mundo puedes contemplar el germen de aquel don especial que lo distingue? Nuestro Museo Picasso posee sus primeras obras: sus dibujos y pinturas de niño, de su infancia en España. Allí se pueden ver los estudios de la anatomía humana que realizó bajo la dirección de su padre. Puede apreciarse la visión tan genial que tenía, ya en aquella época. Es algo realmente especial identificar ese mismo germen inicial en sus últimas obras.

Pasamos por iglesias y junto a la catedral, por edificios no muy altos con balcones de forja llenos de detalles ornamentales y pórticos arqueados. Había tiendas con cortinas metálicas echadas y decoradas con grafiti. Sin embargo, dejamos las calles estrechas y abarrotadas y salimos a vías principales. El mar asomó en el horizonte. Vi yates amarrados en el puerto, con sus luces reflejadas en la oscura superficie del agua. El paseo estaba bordeado de palmeras y el fuerte olor a salitre impregnaba el aire.

—Hacia la Barceloneta —dijo Lluís cuando dejamos atrás la zona del puerto.

Nos adentramos en una calle paralela al puerto. Lluís fue entrando y saliendo por una serie de callejuelas hasta aparcar en un callejón.

—A partir de aquí, hay que seguir a pie —me informó.

El pequeño e íntimo restaurante estaba lleno de barceloneses.

—Se encuentra demasiado alejado del mar para los turistas —comentó Lluís.

Miré la carta. Estaba escrita en dos idiomas, mi anfitrión me explicó que eran español y catalán. Fui capaz de distinguir un par de palabras, pero no las suficientes para saber qué quería pedir. Levanté la vista de la carta y me encontré con que Lluís estaba sonriéndome.

—¿Te gustan el pescado y el marisco? —me preguntó.

Asentí.

—Bien. Sería una verdadera pena comer en un restaurante catalán y no probar los frutos del mar. ¿Me permites que pida para los dos?

La comida empezó con una sopa ligera de pescado, una bandeja de verduras a la parrilla, seguida por gambas al ajillo, crujiente calamar rebozado y mero al horno. Lluís pidió vino y fue llenándome la copa antes de que se vaciara del todo.

Mientras esperábamos a que nos sirvieran, se metió una mano en el bolsillo.

—Mejor que te lo dé ahora. Me da miedo perderlo.

Me tendió una cajita marrón de piel. Tenía unos diez centímetros de largo y cinco de ancho, y una tapa con bisagras. Levanté el cierre de latón y abrí la caja. Colocado sobre un trozo de pergamino doblado había un fino y delicado pincel. El mango era de suave madera negra y estaba coronado por un penacho de finas cerdas. Tomé el objeto y lo hice girar con suavidad entre el pulgar y el índice. Luego lo coloqué con cuidado sobre la mesa y saqué la nota.

La nota estaba escrita con tinta negra. La letra, pequeña y pulcra, decía:

> Vive lo mejor que puedas y trabaja de igual forma
> No hay trabajos insignificantes en este mundo. Toda tarea es una oportunidad para expresar el talento personal, para crear una obra de arte y ser conscientes del genio que podemos llegar a ser. Debemos trabajar tal como pintaba Picasso: con devoción, pasión, energía y excelencia. Así, nuestra productividad no solo se convertirá en fuente de inspiración para los demás, sino que tendrá impacto, pues cambiará las vidas de quienes nos rodean. Uno de los mayores secretos para vivir la vida de forma hermosa es llevar a cabo trabajos importantes. Y hacerlo de un modo tan magistral que los demás no puedan dejar de fijarse en uno.

Volví a colocar el pincel en la caja y me la guardé en el bolsillo. Pasaría el talismán a mi saquito de piel y la nota a mi cuaderno en cuanto regresara a la habitación del hotel.

—Una visión interesante, ¿verdad? —dijo Lluís.

—Sí —afirmé—. Picasso... Trabajar como un genio. Supongo que por eso tú eres el guardián de este talismán en concreto. Por tu interés en todos esos maestros de la creación, ¿no?

Lluís rió.

—Puede que sí —respondió—. Pero creo que es por algo más.

Me contó que conoció a Julian años atrás, cuando, por casualidad, mi primo fue uno de los clientes que recogió en el aeropuerto. En aquella época, Lluís conducía el taxi para poder pagarse la universidad. Julian estaba de paso, así que no tendría mucho tiempo para visitar Barcelona.

Preguntó a Lluís qué podía hacer, qué debía ver si solo tenía un día para estar en la urbe. Lluís tenía tanto que decir, tantas ideas e información que compartir que hablaron durante mucho rato incluso tras haber llegado al hotel. Al final, Julian preguntó a su taxista si quería cenar con él.

—Traje a tu primo a este mismo restaurante —dijo Lluís—. Y hemos mantenido el contacto desde aquella época. Creo que lo que hizo que Julian pensara en mí como uno de los guardianes de los talismanes fue todo lo que me ocurrió desde entonces.

Mientras íbamos degustando los platos, Lluís me contó su historia.

Había pasado la infancia en un pequeño pueblo costero al sur de Barcelona. Cuando tenía catorce años, su familia se trasladó a la ciudad.

—Fue toda una aventura para mí. Venir de un pueblo tranquilo a este lugar. —Hizo un gesto con la mano abarcando cuanto tenía ante sí—. Sé que no es nada típico en un chico joven, pero me encantaban las galerías de arte. Y la historia. Pero lo que más me gustaba eran las calles. Poder pasear por Las Ramblas y ver un mosaico de Miró, justo ahí, en el suelo que uno pisa. O toparme con una escultura de Picasso, o con una iglesia medieval o con un fragmento de muralla romana mientras paseaba por el barrio Gótico. Me montaba en la bici y pasaba el tiempo recorriendo la ciudad, para ver qué descubría.

Cuando Lluís terminó el instituto, se discutió mucho en la familia sobre qué camino debía seguir. Su padre, hombre de negocios, quería que se convirtiera en abogado.

A su madre, cuya familia, al igual que la de Chava, jamás había ido a la universidad, no le importaba, siempre que siguiera estudiando.

Al final, una tía sugirió que debía aprovechar su conocimiento de la ciudad y el amor que sentía por ella para matricularse en una diplomatura de turismo y entrar en el sector de la hostelería.

—Mi padre se sintió decepcionado. «No tienes ambición», dijo. Él tenía muchas ganas de que yo fuera abogado, o, como mínimo, profesional de cualquier clase. Neurocirujano, tal vez, u odontólogo.

—¿Ingeniero electrónico? —pregunté.

—Eso habría servido. Pero ¿gerente de hotel? Para mi padre no era una profesión de verdad. Ser dueño del hotel, sí. Trabajar en él, no.

Lluís intentó no hacer caso a su padre. Se matriculó, fue a clases y condujo el taxi para pagarlo todo. Cuando terminó, consiguió un puesto en el hotel donde me alojaba yo. Trabajó como ayudante del recepcionista. Luego, como ayudante del conserje.

—No pasó mucho tiempo hasta que ascendí en la gerencia del hotel. Me convertí en el gerente hotelero más joven de la ciudad.

Sin embargo, un día, al final de una larga jornada, Lluís salió del hotel y vio a un antiguo amigo de su época de taxista abriendo la puerta del taxi para un cliente del hotel. Sonrió a Lluís y lo saludó con la mano, luego subió de un salto al coche y se alejó conduciendo. Mi anfitrión se quedó mirando nostálgico las luces traseras mientras el vehículo se alejaba por la calle. Lluís había llegado al trabajo aquella mañana antes de que saliera el sol. Se marchaba cuando el sol empezaba a ocultarse por el horizonte. Apenas había salido de su despacho en todo el día; no había pisado en ningún momento la calle. Se sintió como si hubiera pasado la jornada laboral en un lapso temporal suspendido en otra dimensión. Y durante todo ese tiempo, el mundo había seguido girando. Las nubes avanzaban por el cielo, los pájaros trinaban, los transeúntes paseaban por la ciudad. Todo estaba vivo, pero él se había quedado sin pulso.

—Jamás me había sentido así mientras era taxista. Siempre me sentía lleno de energía, vital, parte del mundo. En ese instante, en la acera, allí de pie, con mi traje caro y mis zapatos recién lustrados, tomé una decisión. Iba a presentar mi dimisión en el hotel. Regresaría al único trabajo que realmente me gustaba. Conduciría un taxi.

Hizo una pausa y tomó un sorbo de vino.

—¿Y eres feliz? ¿Fue la decisión adecuada? —pregunté.

—¡Desde luego!

—¿Tu padre sigue decepcionado? —pregunté.

—¡Oh, sí! —respondió—. Ya no hablamos de eso, pero me trata como si estuviera pasando una temporada en la cárcel. ¿Y sabes cuál es la ironía, Jonathan? ¿Qué es lo que realmente me entristece? Que él es un hombre que odia lo que hace. Su propio padre, mi abuelo, lo obligó a entrar en el negocio familiar, lo dejó al mando de todo cuando se retiró. Y cada día que mi padre se ha dedicado a dirigir ese negocio ha sido una agonía para él. Juró que jamás obligaría a ninguno de sus hijos a formar parte de la empresa. No hace más que contar los días que le quedan para poder jubilarse y vender el negocio.

Lluís se había quedado mirando el mantel mientras negaba con la cabeza. Justo en ese momento, el camarero nos sirvió el postre. Cuando se marchó, volví a mirar a mi interlocutor.

—¿Por qué tu padre no lo deja ya? —pregunté.

—Bueno —respondió—, como habrás podido imaginar, como odia tanto su trabajo, no se le da muy bien. Es como un chiste que me contó uno de mis clientes: ¿cómo se consigue una pequeña fortuna en una mala economía?

Negué con la cabeza.

—Empezando con una gran fortuna —dijo Lluís.

Ambos reímos. Pero él no tardó en dejar de reír.

—La empresa ya no vale mucho, pero mi padre lucha cada día con la esperanza de poder reconstruirla y jubilarse con dinero. Pero, en este momento, yo tengo más posibilidades que él de convertirme en un hombre rico.

Nos quedamos callados durante un rato. Lluís tomó una pequeña fresa de su macedonia, pero volvió a dejarla en el cuenco.

—¿Por eso Julian te entregó este talismán, porque haces algo que adoras? —pregunté.

No parecía encajar del todo: ¿hacer lo que uno adora es necesariamente lo mismo que «trabajar lo mejor posible»?

—No, no creo que esa fuera la razón por la que me confió este talismán en particular —respondió Lluís—. Creo que me lo entregó por una promesa que me hice a mí mismo aquel día que estaba de pie en la acera. Sabía que mi familia y mis amigos cuestionarían mi decisión. Así que decidí que jamás sentiría que debía pedir disculpas por mi trabajo. Quería sentirme siempre orgulloso de mí mismo. Y la única forma de conseguirlo era hacer el mejor trabajo posible.

Me miró directamente a los ojos y me sonrió.

—Ese joven conductor con el que nos hemos topado hoy... no entiende cómo tiene que conducir bien. Cree que, para llevar a los clientes a su destino lo más rápido posible, tiene que ir a toda velocidad y correr riesgos. No se da cuenta de que la forma más rápida de ir de un punto A a un punto B es conocer bien la ciudad, escoger la mejor ruta y evitar las zonas problemáticas. Eso es lo que yo hago. No existe ni una calle ni un callejón que no conozca. Pero ser el mejor taxista que puedo no consiste solo en conducir bien. Cuando llevo a alguien de visita por Barcelona, soy capaz de responder a cualquier pregunta: en qué restaurante se sirve la mejor fideuá, cuál es el horario del Museo de Arte Contemporáneo, dónde está el mejor lugar para comprar antigüedades. Y si el cliente se baja del avión a las doce de la noche, muerto de ganas de comerse un perrito caliente al estilo americano, sé muy bien dónde llevarlo.

»Julian me entregó el talismán porque creo de todo corazón que un trabajo es simplemente un trabajo si tú lo ves simplemente como un trabajo. Puede que algunos digan que soy un "simple taxista". Pero yo no; contribuyo a que los visitantes de esta ciudad almacenen recuerdos que enriquecen sus vidas. Tengo la oportunidad de comportarme humanamente con los demás en un mundo donde todos deseamos tener más relaciones humanas. Consigo hacer sonreír a mis clientes y dejarlos mejor de lo que los encontré. En mi opinión, el trabajo es un vehículo para descubrir otra cara de nuestras habilidades, de expresar en mayor proporción nuestro potencial y ser de utilidad para otros seres humanos.

Ya nos habían servido el café, y ambos permanecimos en silencio mientras dábamos los primeros sorbos. No sé qué estaría pensando Lluís, pero yo pensaba en mi padre, cuando todavía estaba en las aulas, hacía ya tantos años.

Antes de darnos las buenas noches, Lluís se ofreció a seguir compartiendo su genialidad conmigo. Pasaría a buscarme por la mañana y me llevaría de visita por la ciudad. Acordamos reunirnos a las ocho.

Cuando sonó la alarma del despertador a las seis de la mañana siguiente, estuve a punto de dar media vuelta en la cama y seguir durmiendo. Pero pensé en la palabra que había escrito en mi diario: «Abdominales». Salí a rastras de la cama y rebusqué en la maleta. Había metido ropa de deporte. La llevaba en todos los viajes de negocios: pantalones cortos, camiseta, zapatillas de deporte y calcetines; todo solía volver limpio y doblado tal como había salido de casa. Pero esa mañana, en lugar de quedarme en la cama pensando en los motivos por los que no iba a ir al gimnasio del hotel, me levanté y me vestí antes de que mi cuerpo tuviera la oportunidad de resistirse. Estaba aprendiendo que era superior a mis limitaciones. Y me daba la impresión de que todas las excusas que solía poner no eran más que mentiras que mi miedo había intentado hacerme creer. Me dirigí arrastrando los pies hasta el baño, me lavé los dientes, me eché un poco de agua fría en la cara, cogí la llave de la habitación y salí por la puerta. Tuvieron que pasar veinte minutos —mientras corría en la cinta de ejercicios, con los ojos clavados en un noticiario de televisión que no podía entender— para que mi cerebro se despertase del todo y fuera realmente consciente de lo que estaba haciendo. Lo primero que hizo mi cerebro en funcionamiento fue felicitarme.

Después de correr, hice las abdominales que había prometido en el diario y unas cuantas sentadillas en el banco inclinado. Luego regresé a la habitación para asearme.

Tras regalarme una larga ducha, me vestí y me dirigí hacia el vestíbulo. El conserje todavía no estaba de servicio, pero su ayudante me indicó cómo llegar a una cafetería a la vuelta de la esquina donde se suponía que preparaban los mejores cafés del barrio.

Mientras desayunaba, consulté los mensajes del móvil. Había un mensaje conciliador de Nawang donde me aseguraba que me mantenía al día de todo y decía las ganas que tenía de que regresase. Tenía toda una serie de mensajes reenviados y «con copia a» que me hicieron pensar que Nawang se había dado cuenta demasiado tarde de que también me tenía en su lista de correo y que no me había borrado. Respondí a la mayoría de ellos, aunque solo fuera para hacer saber a todo el mundo que seguía vivito y coleando. Y luego volví a leer el mensaje de Tessa.

Lo leí y lo releí, aunque por mucho que lo revisara no iba a sentirme mejor. Sencillamente, no sabía cómo responder. En lugar de hacerlo, saqué el cuaderno que me había entregado Julian. Tal vez escribir mis pensamientos me ayudase a ordenar mis ideas. La verdad es que había estado pensando en Tessa, y mucho. Aunque también era cierto que la idea de darle esperanzas, la idea de empezar una nueva relación, me aterrorizaba y hacía que me sintiera culpable. Al fin y al cabo seguía casado. Pero ¿durante cuánto tiempo más? En realidad, en los meses posteriores a que Annisha me pidiera que me marchase, pensé en la separación solo como un acuerdo temporal. Sabía que Annisha intentaba obligarme a que me replanteara mis prioridades, aunque yo había supuesto que la separación la obligaría a aceptar que lo que teníamos juntos era mejor que vivir separados. En ese momento ya no estaba tan seguro de que Annisha llegara a considerar esa posibilidad. Su frustración y su rabia habían disminuido, pero habían sido sustituidas por la tristeza y la resignación, no por el arrepentimiento. ¿Significaba eso que ya había renunciado al matrimonio? ¿Que lo nuestro había terminado?

De ser así, ¿qué tenía de malo salir con Tessa? Tal vez me lo parecía porque habría sido una relación con alguien del trabajo. Nadie lo recomienda. ¿O era el miedo a la novedad, al cambio, a lo desconocido? ¿Qué decía Julian en la nota que había escrito para la calavera sonriente, que acogiese mis miedos? Quizá fuera eso lo que debía hacer: enfrentarme a la mortal agonía de invitar a salir a alguien. Al fin y al cabo, ya me había funcionado antes. Cerré el cuaderno, volví a meterme el bolígrafo en el bolsillo, y me sumergí en un mar de recuerdos.

La primera vez que me fijé en Annisha fue en mi asignatura optativa de historia antigua. Me había matriculado porque era la única optativa que podía compaginar bien con mi horario de ingeniería. No era una clase aburrida, pero lo que verdaderamente me hacía asistir sin falta era la chica que se sentaba en la primera fila, en el extremo derecho. Intentaba sentarme lo más cerca posible de ella aunque manteniendo la distancia adecuada para poder contemplarla bien de perfil si se volvía. Tenía los ojos almendrados y el pelo negro y brillante. Incluso cuando no estaba sonriendo, lucía cierta expresión de alegría en el rostro. No participaba mucho en clase, pero cuando lo hacía, siempre valía la pena escucharla. Pasé todo el año preguntándome en vano cómo podría entablar una conversación con ella. Cuando por fin llegó el momento del examen final, me di cuenta de que había perdido mi oportunidad. Puesto que ella estudiaba bellas artes y yo ingeniería, la posibilidad de que volviéramos a compartir asignatura, o incluso de cruzarnos por el pasillo, era muy remota. Pasé el verano refocilándome en mis propias recriminaciones y resentido conmigo mismo.

El tercer año pasó sin ver a Annisha ni una sola vez. Tuve un par de relaciones fracasadas y otro verano solitario. Luego, en el último curso, los hados me sonrieron.

Durante la primera semana de clases, mis compañeros de

piso y yo fuimos al bar del campus el viernes por la noche. Teníamos una especie de ritual: íbamos a echar un vistazo a las camareras para ver cómo estaban. Fue todo un chasco, pues acabamos sentados a una mesa servida por un camarero. Había un par de rostros familiares entre el personal del bar y un par de chicas nuevas, pero, al ir al servicio, me fijé en la camarera del rincón más apartado del local. Era Annisha. Cuando regresé a mi mesa, me acerqué a Evan y le pedí que mirase a la chica que estaba sirviendo cerca de la barra. Se levantó de su asiento y echó un vistazo por la sala justo cuando Annisha caminaba en nuestra dirección.

—Mmm... —masculló—, ¿que qué me parece...? —Volvió a acomodarse en su silla—. Lo que creo es que está fuera de tu alcance.

No era la respuesta que esperaba recibir. Contaba con que me dijera algo alentador que me ayudase a superar mi miedo y me diera un empujón... o algo que me dejase claro que debía actuar antes de que él hiciera algún movimiento. Pero se inclinó hasta situarse frente a su cerveza y me dedicó una media sonrisa:

—Sinceramente, Jonathan. Olvídalo —dijo, lo que no me ayudaba para nada.

Me pasé la noche dejando que se me calentara la cerveza e intentando reunir el valor suficiente. Cuando mis compañeros de piso se levantaron para marcharse, les dije que tenía que ir al baño y que se fueran a casa sin mí. Evan me miró y arqueó una ceja.

—Sí, claro, ¡buena suerte! —dijo mientras agarraba la chaqueta. Con su tono dio a entender que la suerte no tendría nada que ver con lo que consiguiera, que necesitaría la intervención divina para tener éxito.

Vi a Annisha sentada a una mesa cerca de la barra. Su zona estaba vacía. Parecía estar contando las propinas. Me acerqué y me quedé rondando la mesa, pero ella no se percató de mi presencia.

—Hola —dije por fin.

—¡Ah, hola! —Sonrió al levantar la mirada y siguió sonriendo al ver que era yo. O bien era muy amable o bien era una buena señal. Tal vez eran ambas cosas.

—Siento molestarte —dije—. Mmm... me parece que ibas a la clase de historia antigua de segundo, ¿verdad?

Annisha ladeó la cabeza y se quedó callada, como si estuviera pensando. Al cabo de un momento, dijo:

—Eres el ingeniero, ¿verdad? —Lo pronunció con parsimonia, como si todavía estuviera intentando recordar mientras hablaba.

—Sí, sí —respondí—. Era mi asignatura de libre elección.

Me di cuenta de que había empezado a balancearme apoyándome primero en un pie y luego en otro. Me obligué a permanecer quieto. Entonces me lancé.

—Estaba pensando... ¿Quieres tomar un café conmigo algún día?

Ella sonrió, pero no respondió enseguida. Sin lugar a dudas, estaba sopesando la idea.

—Tengo una semana bastante movidita —dijo—. Estoy poniéndome al día con un montón de amigos que no había visto desde el año pasado.

Empecé a asentir con la cabeza, intentando pensar en una

respuesta, intentando pensar en algo que decir que diera la impresión de que su inminente negativa no me importaba.

—Pero la semana que viene puede que tenga tiempo.

Rompió uno de los recibos que tenía amontonados delante. Anotó un número de teléfono y me lo pasó.

—Me llamo Annisha, por cierto —dijo—. Lo siento. He olvidado tu nombre.

Lluís se presentó frente al hotel justo a las ocho. No iba en su taxi.

—Se me ha ocurrido que podíamos empezar el recorrido a pie —dijo—. Me encanta conducir, pero caminar es la mejor forma de conocer la ciudad.

La noche anterior me había convencido de que debía pasar el poco tiempo que tenía en Barcelona visitando los puntos de interés arquitectónico. Afirmaba que era una de las contribuciones más importantes de la ciudad al mundo del arte.

—Tenemos nueve edificios nombrados patrimonio de la humanidad por la UNESCO. Además, está la obra de Gaudí y toda la maravillosa arquitectura modernista catalana que viste ayer por la tarde. Aunque las edificaciones singulares no son solo obra del pasado. En la actualidad siguen interesándonos muchísimo.

Lluís me explicó que la ciudad era el hogar de más de cinco mil arquitectos en activo.

—Te reto a que encuentres una población con más arquitectos per cápita en el resto del mundo —dijo.

No acepté el reto.

Me contó la historia de edificios diseñados por Jean Nouvel, Zaha Hadid, Frank Gehry y Richard Rogers. El de Gehry fue el único nombre que reconocí, aunque no quise admitirlo.

Tras una única pausa a media mañana para comer algo, pasamos todo el día caminando sin parar. De vez en cuando subíamos al autobús, pero la mayor parte del tiempo estuvimos paseando, con los ojos apuntando al cielo, moviendo la cabeza en todas direcciones para ver en perspectiva los edificios que teníamos a nuestro alrededor.

Visitamos los pisos de La Pedrera de Gaudí. Con sus paredes onduladas, la piedra con el aspecto de haber sido erosionada por el agua, y los balcones de hierro forjado con forma de algas, me hizo pensar en la ciudad perdida de Atlantis. Sin lugar a dudas, una ciudad situada en el fondo del océano habría tenido ese aspecto. Paseamos por el parque Güell, con sus pabellones de entrada cubiertos por tejados en forma de champiñón, la escultura del lagarto con piel de mosaico, y la explanada decorada con teselas. Finalizamos el día regresando al lugar donde habíamos estado la tarde anterior, a la Sagrada Familia, testamento inacabado de Gaudí, expresión de su visión artística y sus creencias religiosas, en opinión de Lluís.

—Me encanta este lugar —dijo, pensativo, elevando la vista hacia los cuatro altísimos capiteles—. ¿Te he contado que mi bisabuelo trabajó en su construcción?

—¿De verdad? —pregunté—. ¿Se dedicaba a la mampostería?

—No —respondió—. Era sencillamente peón de obra. Sospecho que pasó muchas horas empujando carretillas y cargando ladrillos. Pero, ya sabes, como dice la nota de Julian, no hay un trabajo insignificante. Me gusta imaginarlo sudoroso y polvoriento, mirando hacia arriba al final de una larga jornada, contemplando la magnífica iglesia que se elevaba ante sí con el convencimiento de que, sin sus músculos y su tiempo, algo así jamás habría sido posible.

Ya era última hora de la tarde cuando Lluís me acompañó caminando de regreso al hotel. Tenía unos recados que hacer y ambos queríamos acostarnos temprano. Mi vuelo salía a las ocho de la mañana siguiente, y mi anfitrión insistió en recogerme a las cinco para que llegase a tiempo al aeropuerto.

En cuanto llegué a mi suite, pedí la cena al servicio de habitaciones. Hice un par de anotaciones en mi diario, saqué el móvil y escribí un mensaje corto para Adam. La añoranza que me había hecho sentir su ausencia en México empezaba a aflorar de nuevo. Me preguntaba cómo había podido estar sin llamarlo ni visitarlo durante días cuando estaba en casa. Empecé el mensaje con un franco: «Te echo mucho de menos, coleguita». Pero entonces pensé en la mirada de tristeza de Adam cuando me había despedido antes de marcharme a Estambul. Borré la frase. Quería estar presente para él, aunque fuera con un mensaje, y no subrayar mi ausencia. En lugar de las palabras que había escrito empecé a hablarle sobre el Templo del Mago y sobre las ruinas mayas que había visitado. Escribí sobre los cantos de los pájaros en los árboles y sobre los pumas que merodean en los bosques de la península de Yucatán, y sobre lo mucho que me había alegrado no toparme con ninguno. Y luego le conté cómo acababa de pasar el día en Barcelona. «¿Recuerdas el verano pasado cuando hacíamos castillos en la playa y dejábamos caer la arena mojada para formar torres altas y puntiagudas? Pues así era la iglesia que vi ayer. Estaba llena de torres puntiagudas. Las diseñó un señor llamado Antoni Gaudí, y apuesto a que, cuando era niño, hacía castillos de arena como tú.»

Me detuve un segundo para pensar en la frase siguiente. Y escribí: «Cuando regrese, te llevaré a la playa el fin de semana». Conocía los peligros de hacer promesas, pero estaba decidido a cumplir con esta. El no hacerlo me rompería el corazón, al igual que le pasaría a Adam.

La luz del alba todavía estaba asomando por el horizonte cuando Lluís me ayudó a salir del taxi en la terminal del aeropuerto a la mañana siguiente. Se mostraba vivaracho y alegre como siempre, aunque era evidente que se había percatado de que yo aún estaba atontado por el madrugón. Al sacar mi equipaje del maletero, me miró con preocupación.

—¿Estás seguro de llevarlo todo, Jonathan? —me preguntó.

Me palpé el bolsillo para ver si llevaba la cartera y el pasaporte, y sentí un pánico repentino. ¡Los talismanes! ¿Llevaba el saquito colgado al cuello? No lo notaba. Me desabroché la chaqueta y me palpé la camisa; vale, sí, allí estaba el bulto de la bolsita pegada a mi piel. ¿Cómo no lo había notado? Me sorprendió que, aunque su contenido fuera más pesado, el cordón de cuero ya no se me clavara en la piel. Me saqué los talismanes de debajo de la camisa y me los guardé en el bolsillo. Tendría que poner el saquito en una de esas bolsitas de plástico que te dan en el control de seguridad.

En cuanto facturé y llegué a la puerta de salida del vuelo, encontré un rincón silencioso para llamar a Annisha. En Estados Unidos serían más de la doce de la noche, calculé, pero tenía muchas ganas de hablar con ella, de tener alguna noticia sobre Adam.

Cuando Annisha respondió, me disculpé por la hora, aunque ella pareció aliviada al escucharme.

—Me alegro mucho de que hayas llamado —dijo—. Ha habido un pequeño incidente en la escuela y quería hablarlo contigo. Al parecer...

Annisha se calló. Escuché una vocecita de fondo.

—Mamá, no puedo dormir —oí que murmuraba Adam.

—Oh, cariño —le dijo Annisha—. Ven aquí y siéntate con mamá. ¿Quieres hablar con papá sobre lo que no te deja dormir?

Cuando Adam se puso al teléfono, le pregunté cómo estaba.

—Bien —dijo con un hilillo de voz.

—¿Qué te cuentas? —Lo intenté de nuevo.

—Nada —respondió.

Entonces oí que Annisha le decía algo.

—Querías contarle a papá lo que te ha ocurrido hoy en el colegio, ¿recuerdas?

Con algo de presión por mi parte y un poco de aliento por parte de su madre, Adam me contó que un niño de segundo le había puesto la zancadilla, lo había hecho caer y le había robado la barrita de cereales de la merienda.

—¿Y tú qué has hecho? —pregunté.

Adam me contó que se lo había dicho a su profesora, la señorita Vanderwees, que estaba vigilando en la hora de patio. La maestra había enviado al niño mayor al despacho del director.

—¿Te pasó alguna vez cuando eras pequeño? —preguntó Adam—. Cuando eras pequeño, ¿algún niño se metía contigo?

Conté a Adam todo lo referente a Phil Stefak, que me robó todos mis cromos de béisbol y se metía conmigo porque llevaba gafas. Le conté que Phil me seguía a casa y que iba insultándome por el camino. Le expliqué que había tenido miedo de contárselo a alguien, pero que, al final, cuando Phil me arrancó las gafas, las tiró al suelo y las pisó, se lo conté a mi profesora. Jamás supe qué le había pasado, pero, después de aquello, Phil solo se atrevía a mirarme. No volvió a ponerme la mano encima. Hablamos largo y tendido antes de que Annisha volviera a ponerse al teléfono. Miré el reloj.

—Lo siento —dije a Annisha—. Tenéis que estar los dos agotados.

—No pasa nada —respondió Annisha—. Realmente necesitaba hablar contigo. Pero ahora tengo que intentar que vuelva a dormirse.

—Claro —dije—. Solo una cosa más, ¿sabes qué va a hacer el colegio en relación con ese crío?

Annisha pidió a Adam que volviera a su habitación y le prometió que ella iría para allá en un minuto. Entonces me contó que la señorita Vanderwees la había llamado después del incidente. No era la primera vez que el niño en cuestión se metía con otros alumnos. El director había llamado a sus padres y los había citado para una reunión. La señorita Vanderwees también le había contado que se encargaría de la hora de patio tantas veces como pudiera durante la semana siguiente y que se mantendría vigilante. Y había hablado con el resto de pequeños para enseñarles que debían defender a sus compañeros cuando vieran que algún niño era víctima de algún maltrato.

—La profesora está tomándoselo muy en serio —comentó Annisha—. Me sentí mucho mejor después de hablar con ella.

Annisha y yo estuvimos hablando un poco más sobre Adam y el colegio y luego nos despedimos.

La puerta de embarque estaba ya bastante concurrida. La mayoría de los asientos estaban ocupados. Había hombres y mujeres con maletines y ordenadores portátiles. Unos cuantos padres con sus hijos pequeños. Y justo enfrente de mí, una adolescente, con unos auriculares puestos, repan-

tigada en su asiento, mirando a su madre, que estaba ofre-
ciéndole un chicle.

Pensé en mí cuando era adolescente. En la paciencia
que habían tenido mis padres conmigo. Sentí una punzada de dolor justo en el pecho, una sensación que me resultaba familiar; echaba de menos a mi padre.

Sentado allí, en el aeropuerto de Barcelona, pensando
en mi hijo vigilado por la señorita Vanderwees, recordando
a mi padre y mi propia infancia, me impactó darme cuenta
de que mi yo de cinco años no se había equivocado. Mi padre era un genio de las aulas, trabajaba en una profesión
realmente noble. Había alcanzado la grandiosidad a la que
aspiraba Lluís. Me quedaba mucho trabajo por hacer si
quería parecerme, siquiera remotamente, al hombre que
mi padre había llegado a ser.

Capítulo 8

Mientras estaba en España, Julian me había enviado información sobre mis dos próximos destinos. El primero me llevaría de regreso a Norteamérica, aunque me conduciría a la isla de Cabo Bretón, en la costa este de Canadá.

Tras hacer una escala en Londres y otra en Halifax, y al cabo de más de dieciséis horas desde que Lluís me dejara en el aeropuerto de Barcelona, aterricé en Cabo Bretón, en Sydney, Nueva Escocia. Era primera hora de la tarde. Tal como me había prometido Julian, había un coche de alquiler esperándome. Me sentí aliviado al ver que tenía GPS. Caí en la cuenta de que, en realidad, no sabía cómo ir desde Sydney hasta Saint Ann's.

—Tardará una hora —me dijo el tipo de la agencia de alquiler de coches.

En este caso, la guardiana del talismán era una mujer llamada Mary McNeil. Le envié un mensaje para avisarla de que iba de camino.

Cuando salí de Sydney y entré en la autopista, recordé lo que había visto en la península de Yucatán. No fue por el clima, ni por las casas, ni por la vegetación. No, aquí el aire era cortante y helado; los abetos, los pinos del Canadá y los abedules tenían un follaje denso y eran de un verde oscuro. Y el agua. Había agua por todas partes. La vía era una sucesión de curvas: vi en el GPS que la ruta era casi como un circuito de competición, aunque, cada cierto número de kilómetros, con una sucesión de bosques, se divisaba en la distancia una extensión de agua, o un lago o una bahía. Lo que me hizo recordar la península de Yucatán fue lo desperdigada que estaba la población en Cabo Bretón. Como al salir de Mérida, en cuanto abandoné Sydney, tuve la sensación de haber dejado atrás a sus gentes. Pasé conduciendo por vastas extensiones en las que apenas vivían unas pocas personas. De repente asomaban una o dos viviendas por el espejo retrovisor, pero desaparecían entre un mar de árboles. Sin embargo, aquello de viajar por un lugar remoto para encontrarse con alguien, aunque fuera un desconocido, tenía algo que resultaba reconfortante. «Al final de este viaje —pensé— hay alguien esperándome.»

Mary McNeil y Angus Macdonald vivían justo en la salida de una pintoresca carretera llamada Cabot Trail, del otro lado del camino procedente de la bahía de Saint Ann's. En un mensaje, Mary me había dicho que vería un buzón junto a la carretera y un poste con un número, pero que no divisaría la casa hasta que hubiera cubierto cierta distancia del camino. Por suerte, el GPS me sirvió de gran ayuda y, mucho antes de entrar en el sendero de grava, flanqueado por frondosos matorrales a ambos lados, vi asomar ante

mí, entre los árboles, la punta de un tejado. Mary debía de
estar mirando por la ventana porque, en cuanto aparqué el
coche entre dos rancheras junto a la casa, una mujer alta
con el pelo negro y mechones canosos apareció en la escalera de la entrada y me saludó con la mano. «Tiene que ser
Mary», pensé.

Cuando salí del coche, ella estaba a mi lado con un hombre que supuse sería su marido, Angus. Él era un poco más
bajo que Mary, definitivamente más rellenito y con una
cálida sonrisa a juego con la de su mujer. Ninguno de los
dos me agarró como había hecho Lluís; Angus me dio unas
palmaditas en el hombro y Mary me tomó una mano entre
las suyas y se presentó. Parecían felices de verme, aunque
Mary tenía los ojos entrecerrados, como si estuviera preocupada.

—Debes de estar agotado —dijo—. Angus, Angus —repitió con cierto tono de alarma, haciendo un gesto para
señalar la parte trasera del coche. En cuestión de segundos, Angus y yo forcejeábamos por llevar mi equipaje y
protagonizamos una especie de escena de pelea digna de
dibujos animados. Al final cedí y dejé que lo llevara todo a
la casa.

—Sé por Julian que has tenido un largo viaje —dijo
Mary—. Por eso te hemos preparado algo de cenar; después puedes meterte en la cama, si quieres. Imagino que
debe de ser más de medianoche según hora española.

El matrimonio me llevó al comedor. El mobiliario era
ecléctico, y había un par de óleos en la pared. Uno parecía
una escena acuática abstracta: intensos tonos turquesas y

verdes con sombras danzantes de colores oscuros sobre el fondo colorido. El otro era una mezcla de bloques de colores que parecían cambiar de posición mientras los mirabas. Mary me señaló un cómodo butacón situado frente a un ventanal alargado. Al sentarme me percaté de lo más espectacular de toda la sala. Una gran extensión de verdor que lo cubría todo y que acababa en una fina franja de color azul marino. La bahía de Saint Ann's y las aguas del océano Atlántico.

—Siéntate, siéntate —me sugirió Angus—. Pondré la mesa y luego os llamo a los dos.

Mary me trajo una cerveza y se sentó a mi lado. Me hizo unas cuantas preguntas sobre mis viajes.

—Parece que has estado muy ocupado. A lo mejor te apetece pasar el día de mañana descansando, aunque Angus y yo habíamos pensado hacer un par de cosas contigo.

No me sorprendió. Antoine de París fue el único guardián que, hasta ese momento, me había dejado a mi aire. Tenía sentimientos encontrados. Después de tanto tiempo sentado en los aviones durante vuelos tan largos, probablemente lo mejor era mantenerse ocupado. Pero no estaba seguro de que me apeteciera hacer muchos planes.

Mary dijo que, si me parecía bien, le gustaría celebrar una cena en mi honor al día siguiente por la noche.

—Será algo informal —me aseguró—. Solo unos amigos y parientes. Y langostas. Es la temporada de langosta, y se me ocurrió que te gustaría vivir la experiencia.

Sonreí y le dije que me parecía maravilloso, aunque, en

realidad, no estaba del todo convencido. Mary también dijo que estaba pensando en pasar el día entero preparándolo todo para la fiesta, mientras Angus me llevaba a realizar una visita en coche por Cabot Trail: una carretera de curvas que rodeaba las montañas de las tierras altas de Cabo Bretón por el extremo norte de la isla.

—Es hermoso —dijo Mary—. Llevo viviendo aquí casi toda mi vida y nunca me canso de verlo.

Le dije que era mi primera visita al lugar y que estaba encantado de estar en esa parte del mundo.

—He oído que a los visitantes les recuerda las verdes colinas de Irlanda —comenté.

Mary asintió con la cabeza.

—Sí, pero más agreste. Al menos eso es lo que más me impresiona.

Llevaba viajando ya más de dos semanas, pero había perdido la noción del tiempo. Estaba cansado y sentía añoranza, pero la impaciencia que antes me provocaba pensar en el trabajo y mis ansias por regresar habían disminuido, aunque pareciera extraño. Sabía que debería estar preocupado, pero ya no me movía esa pulsión. Podría haber insistido en marcharme con el vuelo del día siguiente, haber intentado acelerar el viaje, pero ya no sentía deseos de hacerlo. Tal vez un largo recorrido en coche era justo lo que necesitaba.

Al cabo de tan solo unos minutos Angus nos llamó desde la cocina.

—Tiempo de llenar el buche —exclamó.

Mary tomó mi copa y me señaló el camino. La cocina

era enorme, pero sencilla. Había una mesa de pino macizo a un lado de la sala, rodeada por ocho sillas de respaldo alto. Un viejo aparador lleno a rebosar de antiguas piezas de porcelana y cuencos de cristal soplado de diversos colores. Había también unos cuantos cuadros de vivos tonos en las paredes más próximas a la mesa.

Angus colocó una humeante lasaña sobre un salvamanteles en el centro de la mesa. Ya había puesto una ensalada de lechuga y una cesta de pan.

—No sé cuánta hambre tienes, Jonathan, así que será mejor que te sirvas tú mismo —dijo Angus.

No tenía ganas de hablar de mí, y sabía que la mejor forma de evitar cualquier pregunta era hacerlas yo. Según me contaron, Angus era dentista y tenía una consulta en Baddeck. Se había criado en Glace Bay, y su padre era minero. De hecho, todos los hombres de la familia habían trabajado en la mina, hasta que el hermano pequeño de su padre se fue a Moncton, en New Brunswick, donde acabó ejerciendo como contable. Angus había conocido a Mary cuando ambos estaban en la universidad, pero no habían empezado a salir hasta la treintena. Mary era pintora y trabajaba en un estudio que tenía en la cima de la colina, detrás de la casa.

—Tiene una luz maravillosa —dijo Mary.

Pregunté a ambos cómo habían conocido a Julian. Mary me explicó que lo había conocido hacía muchísimos años, cuando era una joven pintora y trabajaba en Nueva York.

—Julian me compró toda una serie de cuadros —aclaró—. Fue en la época en que era abogado y gastaba el dinero como un borracho que insiste en invitar a todo el mundo. —A Mary le entró la risa al decirlo—. Perdimos el contacto durante un tiempo, pero luego me trasladé aquí y él me encontró.

—Debía de ser un gran admirador de tu obra para seguirte hasta aquí —apostillé.

—No —dijo Mary—. Fue después de regresar de Sivana. Se puso en contacto conmigo solo para hablar.

Pensé en mis antiguos compañeros de instituto, en mis compañeros de piso de la época universitaria, en todas las personas con las que había perdido el contacto sin darme cuenta a lo largo de los años. Y también en las personas que había ignorado deliberadamente. Sentí una punzada de dolor en el pecho. Juan correspondía justo a esta última categoría. Después de la comida con David y Sven, Juan había ido a verme en un par de ocasiones. Estaba confuso. David y Sven lo habían abordado con una avalancha de exigencias. Le habían impuesto metas prácticamente imposibles con fechas de entrega poco realistas. Le pedían informes y memorias de contabilidad con tanta frecuencia que parecía casi una broma. Pero a Juan no le hacía ninguna gracia. Se volvió una persona constantemente preocupada, ansiosa y estresada. Cada vez que hablaba conmigo, yo fingía total desconocimiento de los hechos. Cuando me pidió que interviniera, que actuara como enlace extraoficial entre el departamento de diseño y la dirección general, le respondí con un discurso carente de significado. Al final, empecé a evitar a Juan.

Pero él no era idiota. Se dio cuenta de que yo no tenía ganas de implicarme. Dejó de presentarse en mi despacho. Sin embargo, lo veía por los pasillos con cara de preocupación y demacrado, con profundas arrugas surcando su rostro, con los ojos hundidos y tristes. Una de las últimas veces que hablé con él, me pilló por sorpresa en el aparcamiento de la empresa.

—¡Ah, Jonathan!, ya sé que sabes lo que está pasando —me dijo con tristeza—. Y sé que no hay nadie que pueda hacer nada para cambiarlo. Pero tengo cincuenta y cinco años. No puedo permitirme la jubilación todavía, y si lo dejo... Bueno, ¿quién va a contratar a un viejo como yo? —Se subió al coche y salió del aparcamiento.

Un mes después, la noticia corrió como la pólvora por el despacho. El coche de Juan se había salido de la carretera la noche anterior cuando volvía a casa desde el trabajo. Cuando llegó la ambulancia, ya había fallecido.

La lasaña estaba riquísima, aunque la combinación de comida pesada y diferencia horaria me provocó una repentina pesadez en los párpados. Angus retiró los platos de la mesa, pero Mary se quedó sentada.

—Sé que ahora necesitas irte a la cama —dijo—. Pero quería entregarte el talismán esta noche. En realidad, iba a dártelo mañana, justo antes de la fiesta. Me decidí a celebrarla por el talismán. Pensé que resultaría apropiado, un momento adecuado para festejar la entrega. Pero me conozco. Mañana estaré corriendo de aquí para allá, preparándolo todo para la cena y demás. Esta noche es más indica para dártelo.

Mary sacó un pequeño sobrecito acolchado de su bolsillo y lo colocó en el centro de la mesa. Pero dejó la mano encima.

—Antes de abrirlo —dijo—, ¿puedo ver los demás talismanes?

Estaba muy acostumbrado a sentir el suave tacto del cuero sobre mi piel y el ligero peso sobre el pecho. Me sorprendió mi reticencia a perder el agradable contacto que me proporcionaba la bolsita, a desprenderme de ella. Pero me metí la mano bajo la camisa y me la descolgué del cuello. La abrí y deposité con delicadeza todos los talismanes sobre la mesa.

Mary contempló con atención la variedad de diminutos objetos.

—Julian debe de tenerte en muy alta estima para haberte confiado esta misión —dijo.

—En realidad no lo sé —respondí—. Mi madre y él son íntimos. Pero yo no lo conozco mucho.

—Aunque está claro que él sí te conoce a ti —repuso Mary. Sonreía tímidamente.

Alargó una mano hacia el centro de la mesa y levantó la calavera sonriente.

—Acoge tus miedos —dijo, y asintió con la cabeza. —Dejó la calavera y tomó la grulla—. Amabilidad. —La colocó ante sí, junto a la calavera—. Pequeños progresos diarios. —Estaba pasando los dedos por la diminuta pirámide.

Dejó el pequeño objeto de arcilla roja sobre la mesa y

levantó el pincel. Al igual que había hecho yo la primera vez que lo vi, acarició sus finas cerdas pasándoselas entre los dedos.

—Todo trabajo puede ser un medio para la expresión creativa de uno mismo —declaró.

—¿Cómo sabes todo eso? —pregunté.

Mary levantó la vista y ladeó la cabeza, como si estuviera intentando tomar alguna decisión.

—Estos talismanes —dijo por fin, señalando todo el montón dispuesto sobre la mesa— son únicos en el mundo. Pero son solo símbolos. Julian lleva años hablando de su sabiduría. Y yo llevo años escuchando.

Por último, Mary tomó el amuleto del sol y la luna.

—¡Ah! —exclamó—. Vive tu auténtica vida. ¡Este es muy bueno! Este es muy importante, pero son muy pocos los que aplican esta verdad.

Volvió a dejar el objeto sobre la mesa y me miró.

—¿Puedo preguntarte algo, Jonathan? ¿Algo personal? —Me dio la sensación de que no podía negarme—. ¿Crees que estás siendo sincero contigo mismo? ¿Crees que llevas la vida que deberías llevar; la que honra a tu verdadero yo, la que honra tus más profundos valores y respeta tus más elevados sueños?

Me quedé totalmente en blanco, levanté la taza de té y me la llevé a los labios para hacer un poco de tiempo. Mary estaba mirándome fijamente. No podía ni imaginar por qué estaba tan interesada en mí o cuál podía ser la respuesta a aquella pregunta. Tomé un sorbo de la infusión y volví a dejar la taza sobre la mesa.

—Yo... No lo sé —respondí titubeante—. He estado intentando averiguarlo durante este viaje.

—Entiendo —dijo Mary—. Es una pregunta difícil.

—Es decir, pienso que tal vez no estoy siendo sincero conmigo mismo —confesé—. Pero es que no estoy seguro de cómo debería ser mi auténtica vida. Creo que empiezo a replantearme mi trabajo, aunque no lo tengo tan claro con todo lo demás.

Mary asintió en silencio.

—Como he estado preguntándote cosas sobre tu vida, quizá sea justo que te cuente algo más sobre la mía.

—Claro —respondí. Cualquier cosa antes que seguir hablando sobre mí.

Mary ya me había contado que era pintora, aunque me dijo que su historia no tenía nada que ver con la rebelión. No se había convertido en artista porque su familia hubiera querido que fuera contable. Ni había tenido un momento de revelación gracias al que había descubierto, un día en su trabajo de nueve a cinco, que su verdadera pasión era el arte. Siempre había sabido que quería convertirse en pintora, incluso de niña. Era lo que la hacía feliz. Dibujar, pintar, esculpir, crear cosas era lo que siempre había querido hacer.

—Como Picasso —comenté.

Estaba recordando lo que Lluís me había contado sobre su infancia. Sin embargo, el padre de Picasso también era pintor. Animó al joven Picasso. Pregunté a Mary si sus padres eran artistas.

—¡Ay, Dios, no! Mi padre tenía un barco pesquero;

mi madre trabajaba a media jornada en un supermercado —respondió Mary—. Pero son unas personas maravillosas, y creían que era un verdadero don que tuviera
tan claro a lo que deseaba dedicarme. Querían que lo
lograra.

—¿Y no les preocupaba si ibas a ganarte bien la vida?
—pregunté.

Mary rió.

—Mi padre siempre decía: «Bueno, tendrás que asumir
que tu madre y yo ganemos más dinero que tú, pero ¡tú in-
téntalo!».

Su familia jamás fue muy rica, pero eran felices. La perspectiva de convertirse en una pintora muerta de hambre
no era algo que asustase a Mary. Le concedieron una beca
para estudiar bellas artes en la Universidad de Halifax.
Tras licenciarse, se trasladó a Manhattan. Trabajaba de
camarera y pintaba. Se las arregló para abrirse paso en el
mundo del arte. Empezó a exponer. Al final pudo dejar de
servir mesas y empezó a pintar a tiempo completo. Trabajaba duro para ganarse la vida pintado y haciendo grabados, pero es que además tuvo suerte.

—Me encontraba en el lugar adecuado en el momento
justo, supongo —comentó Mary.

—Estabas viviendo tu auténtica vida, estabas siendo
sincera contigo misma y todo eso, claro —apostillé.

Mary se quedó mirando el fondo de su taza durante
unos instantes antes de hablar.

—Bueno, aquí está lo interesante del caso. En realidad
pensaba eso durante todos los años que estuve en Man-

hattan. Era joven, tenía éxito. Tenía amigos, una vida so-
cial muy activa. Era todo muy emocionante.

—Entonces, ¿qué era lo que no te parecía auténtico?
¿Qué problema había? —pregunté. Mary había hecho que
me picase la curiosidad.

—De lo que no se da cuenta mucha gente es que el mundo del arte puede ser bastante competitivo. Ya sabes, lo
que importa es quién llega a exponer en las galerías, quién
merece la atención de la crítica, quién tiene ese toque especial y quién no. Puede haber bastante rifirrafe de subterfu-
gio por alcanzar cierto estatus en la profesión, muchas luchas internas y puñaladas traperas. —Debí de poner cara
de sorpresa porque Mary asintió con la cabeza y añadió—:
En serio.

Mary me contó que otro joven artista, cuyo estilo y
enfoque estético era similar al suyo, llegó a Manhattan desde Los Ángeles. De pronto estaba presente en todas las
inauguraciones de galerías, en todas las fiestas, en todos
los acontecimientos artísticos. Y, estuviera donde estu-
viese, le hacía la rosca a Henri, el hombre que dirigía las
galerías donde exponía Mary y vendía sus cuadros. Mary
sabía que Henri no contrataría al nuevo artista mientras
la representase a ella, porque el estilo del recién llegado
era demasiado parecido al suyo. Pero eso no significaba
que pudiera darle la patada a ella y quedarse con la cara
nueva.

—Eso me sumió en una espiral descendente —dijo
Mary.

Henri había hecho posible que dejase de servir mesas.

Y con su ayuda fue, durante un tiempo, la favorita de los
críticos de arte. Pero fácilmente podía volver a caer en el
olvido. Mary se dio cuenta entonces de que, aunque le debiera muchísimo a Henri, no confiaba en él. Era un astuto
hombre de negocios, jamás se dejaba doblegar por la obli-
gación de rendir lealtad a nadie ni por el sentimiento de
culpa. Mary supo que estaba perdiendo el trato de favor
que había recibido de él. Además, se percató de que Henri
no era el único que creía que su brillantez artística empezaba a desvanecerse. Algunos de sus amigos dejaron de lla-
marla tan a menudo. Se celebraban cenas a las que no la
invitaban. Fue excluida de las listas de invitados preferen-
tes de las inauguraciones de algunas galerías. Una noche,
en el estreno de una película, Mary acabó compartiendo
un cotilleo sobre el joven pintor de Los Ángeles con un periodista de una revista local de arte.

—Era algo sobre su época en California, un hecho que
afectaba negativamente a su integridad como artista. Se lo
conté al periodista porque pensé que podría ser una man-
cha en su historial. Que podría dejarlo como un pintor
oportunista, que no iba a durar mucho en el verdadero
mundo del arte. Pensé que me haría parecer una artista de
talento más comprometido.

Mary regresó a casa esa noche asqueada consigo misma.
Jamás había hablado mal de nadie a sus espaldas; el comportamiento que había tenido la hacía sentirse insignificante, mediocre, desesperada.

—No dejaba de preguntarme por qué lo había hecho.
Qué me había llevado hasta ese extremo —dijo Mary—.

Eso me hizo analizar con detenimiento a las personas que había en mi vida.

Se dio cuenta de que las personas se clasificaban en dos categorías, a grandes rasgos. Aquellas en las que confiaba y a las que amaba, sus verdaderos amigos, que la hacían sentirse segura y feliz, y que siempre lograban que sacara lo mejor de sí misma. Y luego estaba el otro grupo. Aquellas que podían interesarle o parecerle entretenidas, que le atraían por diversos motivos, pero que, en cierto sentido, eran negativas. Algunas de ellas eran divertidas, pero tenían malas intenciones. (Pensé en mi antiguo compañero de piso, Evan, y en su sarcástica forma de desearme «buena suerte con eso».) Algunas de esas persona parecían interesantes, pero siempre estaban de mal humor. Algunas lo veían todo claramente como una competición y, como estaban constantemente comparándose con ella, Mary se comparaba a su vez con esas personas. Y luego había otras que, sin pretenderlo, tenían un efecto negativo en ella. Siempre que salía con una mujer en concreto acababa bebiendo demasiado. Otro chico era tan pesimista que se quedaba hundida durante varios días después de haber hablado con él. Otro era tan vago que a Mary le entraban ganas de no levantarse hasta el mediodía si lo veía con mucha frecuencia.

—¿Sabes? —dijo Mary, algo triste—, por aquel entonces Julian formaba parte de ese segundo grupo.

Mary decidió que necesitaba pasar más tiempo con el primer grupo y menos con el segundo. Sin embargo, se percató de algo más. Había muchas personas a las que echaba de menos en ambas listas.

—Mi familia era muy importante para mí, pero apenas los veía.

Sabía que cuando estaba con sus padres, con sus hermanos y hermanas, con sus tías y tíos, era cuando se sentía más auténticamente ella. Sacaban lo mejor de sí misma.

—Me di cuenta de que mi auténtica vida era el arte, pero también mi familia. Muchas veces, vivir la vida que te conviene consiste en dar con todos los elementos necesarios para ello.

Mary decidió regresar a Cabo Bretón, pero no a Mabou, la pequeña aldea donde vivían sus padres. En lugar de volver al hogar familiar, se instaló a las afueras de Baddeck, en Saint Ann's, porque, durante una exposición en el SoHo, había trabado amistad con una maravillosa escultora que vivía allí. Saint Ann's era la sede de la Escuela Gaélica de Pintura y Artesanía Céltica, y Christine le había contado que su pequeña comunidad estaba formada por una serie de notables pintores y artesanos.

—Sabía que también era importante rodearme de personas que compartiesen mi pasión, y que sirvieran de inspiración a mi creatividad, que pudieran darme incluso un empujoncito. Y esa es la razón por la que Julian me pidió que cuidase de este talismán en particular.

Mary deslizó el sobrecito acolchado en mi dirección. Lo rasgué para abrirlo por la solapa y saqué un trozo de papel. Junto a él apareció un fragmento de madera tallada. Medía poco más de dos centímetros de ancho y uno de alto. Eran dos manos entrelazadas.

Desdoblé el pergamino color crema.

Escoge bien tus influencias

No vivimos el día a día solos ni al margen del mundo que nos rodea. Por ello debemos estar siempre atentos con las personas y las cosas a las que damos cabida en nuestra vida. Es señal de sabiduría el decidir pasar tiempo en aquellos lugares que nos inspiran y nos llenan de energía, y relacionarse con esas personas que elevan nuestro espíritu y nos animan. Tanto en nuestro trabajo como en nuestra vida personal, esos amigos y conocidos más positivos nos ayudarán a ser la mejor versión de nosotros mismos y a llevar una vida más trascendental.

Doblé el papel y me lo guardé en el bolsillo.

—Supongo que mañana por la noche conoceré a algunas de las personas positivas de tu vida —comenté.

—Exacto —dijo Mary. Estaba depositando delicadamente los talismanes en el saquito—. Ahora Julian es una de esas personas. Ojalá pudiera acompañarnos.

Allí solo eran las diez de la noche, pero, según la hora de Barcelona, eran las tres de la madrugada. Mary me devolvió la bolsita de los talismanes y me condujo a mi cuarto, en la planta de arriba.

—El baño está al final del pasillo, te he dejado toallas a los pies de la cama —me informó—. Que descanses, nos vemos mañana.

Al despertar a la mañana siguiente, estaba totalmente aturdido. Me quedé tumbado en la cama durante varios minutos intentando averiguar dónde estaba. El aroma a café y a canela se coló volando por la puerta de la habitación. Entonces lo recordé: Cabo Bretón.

Cuando entré en la cocina, Angus y Mary estaban afanándose con el desayuno.

—Por favor, sírvete café —dijo Mary—. Las tortitas ya están casi listas, son de manzana.

Había tazas de cerámica pintadas de azul junto a la cafetera. Tomé una y me serví. El café era aromático y fuerte, justo lo que necesitaba. Era una de las cosas que había echado en falta durante mi estancia en el hotel de Barcelona y en la pensión de Kioto: el cálido aroma a desayuno impregnando la casa.

Justo cuando Mary colocó una bandeja con una montaña de tortitas en el centro de la mesa, sonó el teléfono. Angus contestó y frunció el ceño casi al mismo tiempo.

—¿Cuántos? Vale. ¿Tiene otras lesiones? ¿Seguro? Está bien. Ponle una bolsa de hielo en la boca y me reuniré contigo en la consulta dentro de media hora.

Angus colgó el teléfono y se volvió hacia Mary.

—Connor Ashton. Se ha caído de la bici y se ha roto los dos dientes.

Luego se volvió hacia mí.

—Lo siento, Jonathan. Es una emergencia, tengo que salir corriendo.

Le dije que lo entendía perfectamente, aunque no llegó a oírme, porque salió disparado por la puerta.

Mientras Mary y yo oíamos cómo se alejaba a todo correr con la ranchera por el camino de grava, ella me sirvió un par de tortitas.

—¡Vaya! —se lamentó—. Ahora no sé qué hacer. Debería llevarte a hacer esa visita, pero no sé cómo hacerlo y prepararlo todo para la cena.

El giro que habían dado los acontecimientos, pese a lo desafortunado que pudiera ser para el pequeño Connor Ashton, podría resultar bastante positivo para mí. Tenía un coche de alquiler; podía recorrer Cabot Trail yo solo, mientras Mary se ocupaba de sus cosas. Ella asintió en silencio cuando se lo sugerí.

—Mientras no te den miedo las alturas y te guste conducir, lo disfrutarás —dijo Mary—. En realidad, es imposible que te pierdas. Es una carretera circular de poco más de trescientos kilómetros. No te apartes de la vía principal y acabarás regresando al punto de partida. Aunque es conveniente que hagas varias paradas, en los miradores y en los pueblos que hay a lo largo del camino.

Después del desayuno, Mary buscó un mapa de carreteras y nos sentamos juntos a mirarlo. Marcó con un círculo una serie de lugares en el plano y en una hoja de papel me escribió el nombre de varios lugares para visitar y cosas que hacer. Se convirtió en una lista muy larga.

—Ya sé que no puedes hacer todo esto en un solo día. Ya escogerás lo que prefieras. Y llámame si tienes cualquier duda.

Mary estaba llenándome una botella de agua y me había puesto algo de fruta y un bocadillo en una bolsa. Yo le dije que no se preocupase por la comida, que ya me pararía en algún sitio.

—Bueno, pero, en cuanto llegues a las tierras altas, conducirás durante un buen rato sin encontrar nada por el camino ni sitios donde comer. No es obligatorio que te lo comas, es solo por si acaso.

Era todavía muy temprano cuando crucé el valle Margaree. Mary me había sugerido que recorriera Cabot Trail en el sentido de las agujas del reloj para viajar por el carril interior al ir ascendiendo y descendiendo por las montañas. En ese momento, colinas de un verde intenso me flanqueaban por ambos lados. Había conducido durante veinte minutos y solo me había cruzado con un par de coches. Un halcón se lanzó en picado a la carretera, y con el rabillo del ojo, percibí también algún que otro movimiento furtivo entre los árboles. Quizá no fuera más que una ardilla o algún pájaro, pero se me ocurrió que podía cruzarme con un zorro o un ciervo.

Empecé a pensar en la nota de Julian sobre las influencias y las personas. Y también en la decisión de Mary sobre las personas que quería conservar en su vida. Sus historias me habían traído a la memoria a algunas amistades que me hubiera gustado recuperar. También me habría gustado ver más a menudo a mi hermana Kira y a mi madre. Sobre todo a Kira, que era quien sacaba lo mejor de mí. Era como si, en su presencia, recordase cómo debía ser alguien para convertirse en digno hermano mayor del que pudiera tomar ejemplo la hermana pequeña. Y mi madre. Daba por sentada su existencia. Además, su manía de decirme que me pusiera un jersey o que me acabase los guisantes, incluso siendo ya un hombre casado y padre de un hijo, hacía que me entraran ganas de salir corriendo después de la comida de los domingos, como si estuviera huyendo de una celda de castigo. Aunque también era capaz de reconocer que haber sido educado por mi madre había sido una bendición. Empezaba a sentirme agradecido por ello. Cuando llegaba a casa después de un partido de béisbol siempre me preguntaba: «¿Lo has pasado bien?», en lugar de: «¿Habéis ganado?». Y siempre encontraba algo bueno que decir sobre todo el mundo, incluido mi tío Teddy, lo cual era un acto de creatividad de tal magnitud que podía rivalizar con cualquier ocurrencia que haya tenido Picasso. Y, cuando mi padre falleció, demostró tener una fuerza y una valentía que jamás habría imaginado en ella. Incluso en los primeros días tras su defunción, expresó más preocupación por la pérdida que habíamos sufrido Kira y yo que por su propio duelo. Su influencia era, sin duda, una de las que debía recuperar.

Sin embargo, ¿había personas que estaban perjudicándome? ¿Personas que no eran elementos positivos por algún motivo? Enseguida me vinieron a la cabeza David y Sven. Aunque no se me ocurría nadie de esas características relacionado con mi vida personal. Aunque Annisha y yo discutiéramos... bueno, puede que yo no me haya comportado muy bien, pero ¿era por su influencia? ¿O era porque yo me esforzaba a toda costa por ganar la discusión? Annisha es una de las personas más optimistas que conozco, que es probablemente la razón por la que aguantó tanto a pesar de que yo me oponía a sus deseos siempre que surgía la ocasión. ¿Y Tessa? Era vital, divertida y guapa. En realidad, me recordaba a Annisha en muchos sentidos. Deseaba conservarla en mi vida, pero ¿de qué modo? Decidí que, en cuanto aparcase el coche, respondería sin falta su mensaje. Le contaría la verdad: me hallaba en una fase de transición; estaba replanteándome la vida en muchos sentidos. Agradecía sus palabras, sus pensamientos, pero tendría que hablar con ella sobre lo que me había propuesto a mi regreso. Necesitaba un tiempo para aclarar mis ideas.

Antes del mediodía llegué al parque natural de las Tierras Altas de Cabo Bretón. Durante los cien kilómetros siguientes el camino rodeaba el parque y bordeaba la costa. Mary me había sugerido un atajo situado al final del parque. Tenía muchas ganas de bajar del coche, de estirar las piernas y comerme el almuerzo.

Seguí las indicaciones en dirección a Le Chemin du Buttereau y al final llegué a un pequeño aparcamiento de grava. El cartel situado al principio del sendero indicaba que el paseo tenía una duración aproximada de noventa minutos. Eché un vistazo a mi alrededor. Era un cálido día de primavera, el sol brillaba en lo alto de un cielo prácticamente despejado, pero el aparcamiento estaba vacío y no había señal de que hubiera nadie más por ahí. Mary me había advertido que tuviera cuidado con los coyotes. No solían acercarse a la gente, aunque, hacía poco, un excursionista había sufrido un ataque. Decidí almorzar dentro del coche después del paseo. Mi anfitriona me había prestado un sólido bastón para caminar, y así curarme en salud. Lo único que llevé conmigo fue ese palo y la botella de agua.

El sendero de tierra era angosto y tortuoso, y empezaba a ascender casi desde el principio. En ciertos tramos, cuando tropezaba con alguna raíz que sobresalía del suelo y a continuación con alguna piedra, me daba la sensación de estar caminando sin lograr moverme del sitio. Los pinos de ambos lados del camino eran frondosos e impregnaban la atmósfera húmeda con su penetrante perfume a savia. Los pájaros trinaban a mi alrededor, pero, salvo por su canto, el bosque permanecía en silencio.

Mary me había dicho que debía recorrer unos doscientos metros de un trayecto total de dos kilómetros para llegar a una especie de lazada en el camino que rodeaba la cima de la colina.

—La panorámica es espectacular desde ese punto —me había dicho.

Lo que no me había contado es que, además, allí encontraría un fragmento de la historia. Tras veinte minutos de ascensión, vi un cartel al borde del sendero. Anunciaba que, a mi izquierda, vería los restos de una de las últimas cinco casas de Le Buttereau: un asentamiento ganadero de la antigua población francocanadiense. Miré colina abajo y, sin lugar a dudas, entre los árboles y la espesa vegetación se distinguía un tosco rectángulo de piedra; los cimientos de una vivienda diminuta.

Conocía la existencia del territorio francocanadiense; Mary también me había sugerido que hiciera una parada

en la pequeña aldea acadia de pescadores de Chéticamp
antes de entrar en el parque para visitarlo.

Por eso, una hora antes de iniciar aquella caminata, había salido de la autopista y había aparcado junto a un restaurante de carretera con vistas al mar. Se veía una delgada
franja de tierra costera entre la carretera y la bahía de Chéticamp, donde se encontraban un par de tiendas y otras
edificaciones. A Mary se le ocurrió que podría interesarme
ver las alfombras tejidas a mano, que eran típicas de la
zona, o probar el *tchaude*, el guiso de pescado típico del
lugar, pero a mí no me apetecía mucho estar entre cuatro
paredes. Y no tenía tanta hambre como para hacer una parada para comer. En lugar de almorzar, descendí la escale-
rita de madera que había entre las tiendas y caminé por una
pasarela hasta una serie de pequeños amarraderos. Modestas barcas de pesca comercial, muy distintas a la de Ahmet,
se alineaban en el embarcadero. En un amarre había un
enorme cartel en el que anunciaban excursiones para avistar ballenas. Debajo del letrero cabeceaba otra pequeña
embarcación pesquera, junto a una Zodiac. Mary me había
sugerido que hiciera una de esas excursiones para avistar
ballenas, pero en una de las barcas más viejas; las Zodiacs
hacían demasiado ruido y molestaban a la fauna marina.
Sin embargo, yo ya había decidido invertir el tiempo en
una caminata que emprendería más tarde.

Antes de regresar al coche, recorrí a pie un tramo de la
carretera, hasta que los restaurantes y las tiendas quedaron
atrás y dejaron paso a una hilera de modestas cabañas de
madera. Había una acera muy estrecha delante de las facha-

das que separaba las viviendas de la carretera, pues los coches pasaban a toda velocidad prácticamente por la puerta de las casas. Detrás de las cabañas vi una discreta franja de hierba y, al borde de esta, las aguas del golfo de San Lorenzo.

El Cabot Trail había sido un camino de tierra en el pasado. Debía de ser bastante más angosto que en la actualidad, y aquellas casas debían de colgar de forma precaria al borde del acantilado, con las gélidas olas de agua salada rompiendo contra sus puertas traseras. Mary había dicho que Chéticamp y sus alrededores seguían siendo zona francófona. El pueblo era descendiente de los acadios que, a mediados de la década de 1700, habían sido expulsados por los británicos del valle de Annapolis, de las tierras de Nueva Escocia. Tras el ataque de los británicos al asentamiento francés de Acadia en 1710, los invasores exigieron que sus habitantes jurasen lealtad a la corona británica. La mayoría de los acadios, dueños de un rico asentamiento ganadero, se habían mantenido alejados de la política, sobre todo para no participar en las luchas entre los imperios británico y francés libradas en Norteamérica. Unos pocos, no obstante, colaboraban proporcionando protección militar a los franceses en las actuales Nueva Escocia y New Brunswick. Por eso, aunque la gran mayoría de los acadios habían vivido en paz a lo largo del mandato británico durante décadas, los británicos decidieron que su presencia suponía una seria amenaza y empezaron a deportarlos a Europa y a otras colonias británicas. Muchos de los acadios que fueron enviados de regreso a Francia emigraron más tarde a colonias francesas en Norteamérica. El número más importante se trasladó a Luisiana, y sus descendientes son los conocidos como cajunes. Yo ya lo sabía, pero Mary me contó además que un pequeño grupo de acadios se dirigió hacia la isla de Cabo Bretón y se asentó en la costa noroeste. Al pasear por delante de aquellas pequeñas casas, me impactó lo aislados que debían de estar los colonos acadios de Chéticamp: seguramente no eran más que un par de centenares de almas cuya existencia pendía sobre el mar y las extensiones pedregosas de esa isla montañosa. ¿Cómo debía de ser? Al proceder de una comunidad rural de miles de habitantes, aquellas familias debían depender de las demás para todo. Pero si Chéticamp estaba aislado, ¿cómo debía de ser Le Buttereau?

Mientras me paseaba en torno a los cimientos de Le Buttereau, tan derruidos y deteriorados que parecían afloramientos rocosos, intenté imaginar cómo habrían vivido las familias numerosas en esas estructuras tan diminutas. A los pies de las casas había zonas abiertas —vestigios de los campos de pastura— que se extendían hasta el río Chéticamp. Resultaba difícil imaginar que se practicase la ganadería en un terreno tan escarpado, que pasaran días y días en el agua, abordo de rudimentarias barcas pesqueras, tal como lo hacían los hombres de aquellas familias. Los carteles informativos del lugar relataban que, en la época en que las zonas de pesca no estaban delimitadas, los hombres pasaban el domingo en casa, en Le Buttereau, y regresaban a sus chozas para pescar en Chéticamp o en Le Bloque durante la semana. En invierno, las familias cruzaban el río helado para llegar al pueblo y así comprar víveres o, en años posteriores, ir al colegio. En los meses más cálidos, seguían un camino de carretas, cuyos vestigios había estado recorriendo, para llegar al pueblo.

Jamás pudo haber muchas familias en este pedazo de tierra. En 1936 había dos familias de apellido LeBlanc, junto con los Chiasson, los LeBrun y los Deveau. Todos tenían entre nueve y once hijos. Por tanto, debían de ser unos cincuenta en total.

¡Qué distinto era mi mundo! Cientos de compañeros de trabajo, cientos de amigos, un barrio que se extendía sin interrupción a lo largo de kilómetros y kilómetros. Había ochenta alumnos de primer curso en el colegio de Adam. ¡Cuánta gente! Pensé en la nota de Julian. Escoge bien a las personas de tu vida. Yo tenía la oportunidad de escoger. Hubo mucha gente en el pasado que no disfrutó de ese lujo. No tuvo la verdadera oportunidad de escoger, a pesar de que había muchas cosas que dependían de ese puñado de personas con las que convivían.

La vista desde la cima de Le Chemin du Buttereau era realmente hermosa: la playa y sus orillas, que describían curvas sinuosas allá abajo; el agua azul, que llegaba hasta donde alcanzaba la vista. Sin embargo, aquel panorama tan impresionante no era más que el principio.

Una hora después, mientras ascendía en dirección a las tierras altas en mi coche de alquiler, las curvas cerradas, las bajadas pronunciadas y las angustiosas subidas me hicieron pensar en cómo se las habrían arreglado sin un moderno vehículo de seis cilindros para moverse por ese territorio. No cabía ninguna duda de la razón por la que aquella zona había permanecido tan poco poblada. Me detuve en varios miradores, oteé el océano o eché la vista atrás para contemplar las colinas teñidas de un verde intenso. Pasé junto al museo de la ballena en Pleasant Bay, y tomé nota del lugar mentalmente para poder regresar con Adam. Me paré a echar un vistazo a la casa de veraneo de Alexander Graham Bell, cerca de la localidad de Ingonish Center. Me quedé sentado durante largo tiempo en la cala de Wreck Cove, contemplando cómo rompía el oleaje en la orilla de guijarros. Ya era última hora de la tarde cuando aparqué en el camino de entrada a la casa de Mary y Angus.

La cena celebrada por Mary resultó ser una velada extraordinaria. Había verdaderas montañas de langosta fresca, y, cuando recogieron la mesa, el ambiente se llenó con la música de los violines y las harmónicas. Los amigos de Mary y Angus estaban llenos de vitalidad, eran comunicativos, divertidos y apasionados. Hablaban de todo: tanto de política como de arte; desde temas internacionales hasta la música. Aunque mi conversación favorita fue una charla muy relajada que mantuve con el padre de Angus antes de que llegasen todos los invitados.

Me había ofrecido a ayudar a mis anfitriones en la cocina, pero Mary me había sacado a empujones de allí y me había llevado hasta el comedor.

—Tómate una cerveza con Don —sugirió—. Angus y yo trabajamos más rápido si estamos los dos solos.

Don no era un hombre alto, pero tenía la corpulencia sólida de alguien que ha pasado la vida haciendo algún trabajo físico. Tenía las venas de las manos muy marcadas, las palmas llenas de callos y los hombros ligeramente caídos, aunque conservaba cierto brillo en su mirada de ojos verdes.

Llevé al comedor dos botellas de cerveza de la cocina. (Lo único que respondió Don cuando le pregunté si quería un vaso fue: «Ptsé».) Ambos nos acomodamos en dos sillones de la sala y nos quedamos contemplando los árboles que teníamos ante nosotros. Angus ya me había contado que su padre había sido minero, pero yo tenía curiosidad por saber cómo era esa vida.

Don parecía encantado de poder contarme los detalles. Había bajado por vez primera a la mina a los trece años.

—Mi padre, mis tíos y todos los de su quinta bajaron a los diez. Cuando yo empecé habían subido la edad a los catorce. Pero es que necesitábamos el dinero, ¿sabes? Y a mí no me daba la gana de esperar. Les mentí al decir la edad y mi padre y sus colegas me cubrieron.

A los niños no se les permitía extraer carbón. En lugar de eso, el pequeño Don permanecía sentado durante doce horas, totalmente a oscuras, esperando que alguien tocara a las imponentes puertas de madera que separaban los pozos de las zonas de extracción.

—Yo dejaba entrar a los mineros y luego les dejaba salir con los carros llenos.

Don me explicó que, en cuanto tenías edad para excavar y transportar carbón, los días no eran tan solitarios. Juntos, los hombres encontraban la forma de que el tiempo pasara más deprisa. Contaban chistes y anécdotas. Cantaban a coro canciones populares y baladas. Pero los días seguían haciéndose largos. En invierno, los mineros bajaban a la mina cuando no había amanecido y salían cuando ya había oscurecido.

—Solo veíamos el sol los domingos, sí señor, y nos pasábamos así un mes y otro mes, y otro mes... —dijo Don riendo.

Entonces me habló de «los zambombazos».

—Yo salí de dieciséis de esos —afirmó, y se pasó la mano por la frente.

Las explosiones que se producían por el polvillo que desprendía el carbón y la concentración de gases atrapados en las minas se habían cobrado la vida de muchísimos amigos y familiares suyos.

—¿Cómo se las apañaba? —Lo pregunté sacudiendo la cabeza, perplejo por el horror que suponía trabajar en la mina.

—No me malinterpretes, hijo —respondió. Hablaba con un ligero deje gaélico y eso daba colorido a su voz—. Era un trabajo duro. Pero vivíamos bien.

—¿A qué se refiere? —pregunté—. ¿Cómo puede decir algo así?

Don permaneció en silencio unos segundos. Luego dio un palmadita sobre el reposabrazos del sillón y añadió:

—No sé si podrás llegar a entenderlo. Hay algo especial en trabajar con un grupo de tipos... con un grupo de tipos que tienen tu vida en sus manos todos los días. Uno se libra de esa primera explosión, consigue sacar a sus compañeros de la mina, pero entierra a otros. Otro compañero excava el carbón para encontrarte, para desenterrarte. O te quedas ahí abajo, sentado y atrapado durante horas. A lo mejor sois diez ahí metidos y juntos. Cuando bajas otra vez después de la explosión, no vuelves a mirar igual a esos tipos. Sabes que os une algo que nunca se romperá. Y uno se siente un hombre con suerte. Bendecido.

—¡Vaya! —exclamé, todavía atónito—. Aun así, creo que habría preferido ser pescador.

—Pero ¡Jesús, María y José! —espetó Don—. No me meterían en una de esas barcas ni por todo el oro del mundo. Y tú decías que mi trabajo era peligroso... Para trabajos peligrosos de verdad, habla con Joe, el padre de Mary.

Don negaba con la cabeza.

—Esos sí que son unos tipos valientes, te lo aseguro, hijo.

Había conducido durante todo el día por aquellos pueblos de pescadores. De mineros y pescadores. Eran, esencialmente, las dos únicas posibilidades de trabajo para los hombres en aquel rincón del mundo. Eran ocupaciones realizadas por la comunidad, trabajos arriesgados realizados por un pequeño puñado de almas. En Japón, en una de las islas más pobladas del mundo, había recordado la importancia de tratar bien a los demás. Allí pude apreciar la gran valía de las relaciones humanas. En Nueva Escocia valoré que la gente con la que vivías y trabajabas era la que verdaderamente importaba. En ese lugar, esas personas podían suponer la diferencia entre la vida y la muerte.

A primera vista, parecía algo muy distinto a lo que ocurría en mi propia vida. Aparte de Adam, ¿quién más dependía de mí como había dependido Don de los hombres de las minas? Entonces pensé en Juan. Tal vez mi mundo no fuera muy distinto, al fin y al cabo. Hubo un momento, tal vez más de uno, en que había tenido la vida de Juan en mis manos cuando estaba hundiéndose, y no lo había ayudado a volver a la superficie.

Capítulo 9

Tras los días transcurridos con Mary y Angus, volé de Sydney a Halifax, donde pasé la noche en un hotel. Tenía que estar en el aeropuerto a primera hora de la mañana para coger el vuelo hacia mi siguiente destino: Shanghái. Parecía, por el mensaje que había enviado Julian, que pasaría menos de un día allí. Mi yo anterior al viaje habría pensado que aquella era una extravagante pérdida de tiempo en horas de vuelo —volar por medio mundo para retroceder luego—, pero estaba volviéndome tremendamente despreocupado en mi enfoque de los viajes transoceánicos. Después del transbordo en Newark con destino Shanghái pude echar una cabezadita. Llegué a China a las dos de la tarde (tres de la madrugada en hora de Halifax) y fui recibido por Yu Feng, un joven serio que se presentó como mi guía e intérprete. Recogió mis maletas y me arrastró fuera de la terminal, donde estaba esperándonos un Bentley de reluciente carrocería negra. Después de cargar mi equipaje, Yu Feng se sentó conmigo en la parte trasera.

—El señor Gao desea transmitirle sus más sinceras disculpas, pero se encuentra en una reunión que no ha podido reprogramar. Espera que pueda reunirse con él en su oficina a las seis de la tarde. Después, él lo llevará a su casa para cenar. Mientras tanto, yo puedo llevarle a cualquier lugar de Shanghái que desee visitar.

Miré el reloj. Había esperado bastante rato el equipaje y me había costado otro tanto pasar por la aduana y por inmigración. Me quedaban unas pocas horas para visitar la ciudad, pero la idea de darme una ducha de agua caliente y dormir un poco era lo que más me atraía. Agradecí su oferta a Yu Feng y le pedí si podía dejarme en mi hotel.

El joven intercambió un par de palabras con el conductor y, antes de poder darme cuenta, estábamos recorriendo a toda prisa el paisaje urbano de Shanghái.

—¿Le apetece beber algo? —preguntó mi guía, y dirigió la mano hacia una puertecilla en el respaldo del asiento con tapicería de cuero que tenía enfrente. Se abrió de golpe y dejó a la vista un compartimiento equipado con un minibar. Yu Feng desplegó una mesita del asiento de cuero que quedaba entre ambos.

—Solo agua —dije—. Gracias.

Parecía una lástima no aprovechar aquel lujo, pero no tenía el cuerpo para copas.

Entramos en un puente construido sobre una vasta extensión de aguas turbias.

—El río Huangpu —dijo Yu Feng. Y luego añadió—: El despacho del señor Gao está en el centro de la ciudad, pero le hemos reservado un hotel a solo un par de manzanas del Bund.

Me quedé mirándolo inexpresivo.

Yu Feng me explicó que el Bund era una ancha avenida que recorría toda la ribera occidental del río Huangpu. Era una zona donde los antiguos expatriados europeos habían construido edificios señoriales durante las décadas de 1920 y 1930.

—Muy popular entre los turistas estadounidenses y los europeos. Muy bonito de noche, además —concluyó mi guía.

Asentí con la cabeza, pero no dije nada. Estaba pensando en la cascada de agua caliente y en el champú espumoso.

Al cruzar la puerta de mi habitación, me detuve durante un instante y me pregunté si se habría cometido algún error. En cuanto aparcamos frente al hotel, supe que sería el lugar más lujoso en el que me habría alojado. El vestíbulo, con el techo a una altura de tres o cuatro plantas, tenía el suelo de un mármol negro que relucía como el cristal, elegantes muebles y altísimas palmeras. Sin embargo, los vestíbulos de los hoteles pueden resultar un tanto engañosos. He estado en lugares donde la entrada parece digna de un balneario de cinco estrellas y cuyas habitaciones me recuerdan a uno de esos moteles de carretera donde paraban mis padres durante los viajes familiares en coche. Por eso esperaba una habitación bonita, aunque no estaba del todo seguro.

Pero ¡aquello era demasiado! Era mucho más que «bonita», tanto que me quedé sin respiración. Me volví para mirar a Yu Feng, quien había insistido en acompañarme hasta arriba. Estaba frunciendo el ceño y hablando muy airado y deprisa en mandarín al botones.

—Por favor, acepte mis más humildes disculpas —me dijo tras haber acabado con el pobre hombre—. Estaba diciéndole al mozo que debía haber fruta, champán y un pequeño bufet dispuesto en la entrada de la habitación. Ha prometido que hará que se lo suban a la habitación de inmediato.

Permanecí en el recibidor de la habitación, contemplando el vasto espacio, bastante más grande que mi piso. Me encontraba frente a unos ventanales que iban del suelo al techo y que ocupaban toda la habitación. Al entrar, vi que no solo tenía un salón espacioso, sino también un comedor en toda regla. Recorrí el pasillo hasta un dormitorio que era tan grande como toda la habitación de cualquier otro hotel donde hubiera estado. Tenía su salita de estar propia y una especie de hornacina, como un estudio con su mesa de escritorio y todo. El baño era un país de ensueño cubierto de mármol reluciente. Volví al salón, anonadado. Yu Feng me miraba con curiosidad.

—Quiere descansar. Ahora le dejaré —dijo mientras hacía una reverencia con la cabeza—. Regresaré a las cinco y media para llevarle al despacho del señor Gao.

Cuando Yu Feng se marchó, empecé a explorar la suite más a fondo. En el baño encontré una especie de armario

justo enfrente de la bañera. Descorrí la puerta de madera
de caoba y descubrí una gigantesca pantalla de plasma. Me
dirigí de inmediato hacia la bañera, abrí los grifos y regresé
al comedor, donde ya estaba dispuesto el bufet. Allí me
serví una bandeja con chocolate venezolano, queso Brie,
galletitas saladas y uvas. A continuación descorché una botella de Cabernet Sauvignon y me serví una copa. Lo llevé
todo al baño en una bandeja y la dejé sobre el borde de
mármol que rodeaba la espaciosa bañera. Encontré el mando a distancia en un pequeño cajoncito que había debajo
del armario donde estaba alojada la televisión. Fui cambiando de canal, pasé por todos los especializados en cine,
hasta que encontré uno de mis *thrillers* de acción favoritos.

Con los chorros del hidromasaje acariciándome el cuerpo, el buen vino y la deliciosa comida llenándome con su
calidez, no tardé en perder cualquier interés en la película.
Utilicé el mando para apagar la televisión y encender el
hilo musical. Transcurrida una hora, salí de la bañera, relajado, recuperado y maravillado por mi inmensa fortuna.
Me puse un esponjoso albornoz de algodón. Mientras la
música inundaba la suite, saqué el diario y me dirigí hacia
el salón. Me tendí sobre un terso y mullido sofá formado
por distintos módulos y abrí el diario por una página en
blanco. «Qué estilo de vida tan maravilloso —escribí—.
¡Podría acostumbrarme a esto!» Y cerré el cuaderno.

Yu Feng y el chófer me recogieron en el Bentley; esta vez
nos dirigimos a toda velocidad al deslumbrante edificio de

oficinas donde se encontraba la del señor Gao. Cuando el chófer nos dejó, mi guía me condujo por el vestíbulo, con ventanales de cristal y una fuente, hasta el despacho situado en el ático.

Yu Feng empujó las puertas de cristal y una encantadora joven sentada en la recepción se puso de inmediato de pie detrás del mostrador.

—Señor Yu, señor Landry —dijo—. Lo siento mucho. El señor Gao estaba seguro de que la reunión ya habría finalizado a las seis de la tarde, pero todavía siguen dentro. Informaré al señor Gao de que ya han llegado.

Justo en ese momento se abrió la puerta del vestíbulo y empezaron a salir hombres del despacho. El ruido de voces altas y risas los envolvía como una ola. Cuando llegaron a la zona de la entrada, reconocí un rostro que me resultaba familiar. Creí estar viendo visiones. Y luego escuché su voz.

—Señor Gao, me alegro de que nos hayamos puesto de acuerdo. Bueno, quiero decir que este es uno de los mejores guiones que me han enviado jamás.

Era un actor, una estrella de cine. Lo había visto en montones de películas de acción y en alguna que otra comedia romántica. Y estaba dirigiéndose hacia mí. A su lado iba un hombre que también creí reconocer. No me salía el nombre, pero lo había visto en alguna entrevista o aceptando algún premio o algo por el estilo. Tal vez fuera director o puede que algún productor famoso. Y junto a ambos, un hombre alto de rasgos asiáticos que estaba mirándome directamente a la cara. Apoyó una mano en el hombro del actor y le dijo algo en voz baja. Entonces se separó del grupo y caminó hacia mí.

—Jonathan Landry —dijo el hombre y me tendió amigablemente la mano—, Gao Ming. Siento mucho haberte hecho esperar. Permíteme que te presente a algunos de mis nuevos socios.

Resultó que Gao Ming era inversor en capital de riesgo. Una de sus inversiones más recientes era una productora de Hollywood creada por un grupo que incluía al actor y al otro tipo, que resultó ser director de cine, según me contaron. Habían firmado los documentos finales que sellaban su relación empresarial en la reunión de ese día.

—Van a tratarte como un rey —me dijo el actor. Me sonreía mientras daba una palmadita en la espalda al señor Gao.

Dicen que cuando conoces a alguien famoso, resulta ser más bajito en persona. Pero aquel tipo era tan alto y musculoso como parecía en la gran pantalla. Vestía con estilo informal, aunque sus prendas no se parecían a ninguna que yo tuviera. Pensé en si ese sería el aspecto que tenía la ropa de diseño, si las camisetas y los tejanos realmente caros tenían algo especial que los distinguía del resto. Llevaba unas gafas de sol colocadas sobre la frente. Era como si las hubiera tenido ahí todo el día, encajadas en las sienes, listas para bajar y ocultarle los ojos si necesitaba pasar desapercibido en cualquier momento.

—Que el señor Gao te lleve a su yate —estaba diciéndome el actor. Hizo un gesto hacia Gao Ming—. ¡Menuda fiesta nos organizó anoche! ¡Una locura! En serio, señor

Gao, es una embarcación preciosa. Y nos organizó una juerga de las que hacen historia. Gracias. Gracias por todo.

Mientras mi anfitrión y el actor se estrechaban la mano, un joven de gesto serio se acercó al señor Gao y le habló al oído.

Gao Ming dijo entonces:

—Caballeros, el helicóptero ha llegado. ¿Subimos? —Entonces se volvió hacia mí.

—Jonathan, ¿te gustaría acompañarme a despedir a nuestros amigos?

Jamás había estado en un helipuerto privado. Nos dirigimos hacia una puerta de cristal situada en el otro extremo del ático y entramos en un ascensor para subir solo una planta. Las puertas se abrieron en la azotea. Allí, a cierta distancia, había un helicóptero con las aspas girando. Fue una sensación surrealista: estar ahí, en lo alto de un edificio, a cien plantas del suelo, con el aire soplando sobre nuestras cabezas y un impresionante cielo despejado e infinito. Los tejados de los demás rascacielos parecían plataformas flotantes orbitando en el abismo de cemento que nos rodeaba.

El actor, el director y otro par de hombres se agacharon y emprendieron una ligera carrera hacia el helicóptero. Fue como si hicieran eso a diario. En cuanto estuvieron a bordo y sentados, el helicóptero se elevó lentamente y se alejó del edificio. Gao Ming y yo los despedimos con la mano. Vi cómo el actor nos correspondía desde la ventanilla. Luego Gao Ming y yo regresamos al despacho.

—Siento no haber podido enviar el helicóptero a buscarte al aeropuerto, pero había que hacerle una revisión para este vuelo de hoy y no nos cuadraban los tiempos.

No supe qué decir. No se me había ocurrido que fuera merecedor de un medio de transporte tan exclusivo.

Mientras bajábamos en ascensor al despacho de Gao Ming, la cabeza me iba a mil por hora. La vida de mi anfitrión elevaba el listón de mis estándares de lujo. Jamás había subido a un Bentley, pero entonces lo vi como algo a lo que podría aspirar. Y tener chófer. Luego estaba lo de la suite del hotel, el despacho de diseño y el helicóptero. Y el actor. ¿Es que podía haber algo con más clase? Todo me recordaba al gran plan en el que había pensado al acabar el instituto.

Como tantos chicos, los años de instituto y la adolescencia fueron como una especie de dura prueba. En mi caso, la dificultad no residió en la impopularidad, ni en que me costaran los estudios ni en una terrible inseguridad personal. No, mi yo adolescente vivía en un estado constante de insatisfacción. Aunque sabía que había un montón de chicos a los que iba todo mucho peor que a mí, solo me fijaba en los que vivían mejor. Cuando llegaban las vacaciones de primavera o verano, hacía una lista imaginaria de los compañeros que realizaban viajes fabulosos: al Caribe o a esquiar en marzo, o a alguna residencia rural europea en julio. Localizaba a quien tenía la mejor bicicleta, los patines de hielo más modernos y los que gastaban más dinero. Tomaba nota de las casas en las que vivían y de los coches que conducían sus padres. Y de los chicos que tenían coche propio; su buena suerte era como una cegadora luz de neón sobre una tienda a la que yo no podía entrar. Durante aquellos años de codicia decidí que no pensaba aceptar la vida de mis padres, basada en recortar cupones de descuento para el supermercado, comprar coches de segunda mano y organizar vacaciones baratas. Al terminar la universidad iba a ganar un pastón. Y pensaba vivir con clase.

Por supuesto, que no hay nada como un baño de realidad para que uno se replantee sus expectativas. Y aunque no había conseguido comprar un Bentley, sí era propietario de una casa bastante más grande que en la que me había criado, y había ascendido en la jerarquía de la empresa con el objetivo de vivir una vida más lujosa. Durante este viaje para Julian, no obstante, había ido perdiendo interés en ese objetivo. Empezaba a cuestionarme algunas de mis prioridades y a soñar con «la buena vida» en otros términos. Sin embargo, la visita a Gao Ming estaba recordándome el porqué de haberme marcado aquellos objetivos en un principio. La vida de mi anfitrión parecía fabulosa; era innegable. A diferencia de Julian, yo no tenía un Ferrari que vender. Sin embargo, ¿estaba dispuesto a vender mi sueño de tener uno?

Gao Ming me condujo a su despacho. Era, por supuesto, una enorme sala situada en una esquina del edificio y totalmente acristalada. La habitación estaba decorada con muebles lacados de anticuario. En un rincón había un sofá y unos butacones de seda brocada; en otro, una enorme mesa de ébano. Tenía una botella de champán enfriándose en un cubo de hielo, sobre una mesita de café situada frente a nosotros.

—Ha sobrado de la reunión —dijo Gao Ming—. ¿Quieres una copa o prefieres ir a mi casa a tomar algo antes de cenar?

A pesar de lo mucho que me hubiera gustado pasar un rato más en aquel elegante lugar, bebiendo champán y contemplando la silueta de los rascacielos de Shanghái, tenía incluso más curiosidad por ver dónde y cómo vivía Gao Ming.

—Me encantaría partir ya —respondí.

—Perfecto. Tengo muchas ganas de llegar a casa. He estado ocupadísimo estos días entreteniendo al equipo de la productora, y echo de menos mi casa, a mi mujer y a mi hija.

—¡Ah, sí!, ya me han hablado de tu yate —comenté.

—Sí, espero que no te importe no poder salir a navegar en él en esta ocasión —se excusó Gao Ming—. Julian me ha dicho que tienes el tiempo muy justo, y la tripulación todavía está limpiando lo de la fiesta de anoche.

—No te preocupes, de verdad —respondí, y pensé que tal vez me había excedido. La verdad es que me decepcionaba no conocer un yate que había logrado impresionar a un potentado de Hollywood que, sin duda alguna, habría visto unas cuantas embarcaciones de lujo.

Gao Ming se dirigió hacia su mesa de escritorio y presionó un botón del teléfono.

—Yang Jing-wen —dijo acercándose al altavoz—, ¿puedes pedir a Song Hung que nos traiga el coche? Jonathan y yo estamos listos para marcharnos. —Se volvió hacia mí—. Esta mañana he traído mi propio vehículo porque quería que el coche y el chófer de la empresa estuvieran a tu disposición.

Mientras salimos del ascensor y nos dirigíamos al vestíbulo, iba pensando en qué clase de coche habría escogido un tipo como Gao Ming. ¿Habría comprado un rápido sedán como el Mercedes o habría preferido un coche más deportivo? Quizá un Maserati o un Porsche. Tal vez un Lamborghini. O incluso un Ferrari.

Al empujar las puertas de cristal para salir eché un vistazo a todos los coches estacionados junto a la acera. Había un Lexus, un Alfa Romeo, un BMW y un Aston Martin. Aposté por el Aston Martin. Casi había empezado a caminar en esa dirección cuando oí que Gao Ming decía:

—Por aquí, Jonathan.

Estaba caminando en dirección contraria, hacia un tipo con uniforme de librea y unas llaves en las manos. El hombre estaba junto a un Volvo familiar.

—Gracias, Song Hung —dijo Gao Ming, tomó las llaves y se dirigió hacia el asiento del conductor del Volvo.

Me di cuenta de que me había quedado plantado en la acera, mirando a mi anfitrión con la boca ligeramente abierta y literalmente paralizado en el sitio. Cerré la boca de golpe y me dirigí hacia el lado del acompañante a toda prisa. Abrí la puerta y, estaba a punto de sentarme, cuando vi que había una revista en el asiento.

—¡Ay, lo siento! —se disculpó Gao Ming, recogió la revista y la tiró al asiento trasero—. Es de mi hija.

Me sorprendió tanto el coche que me quedé mudo mientras Gao Ming se incorporaba al tráfico. Al fin y al cabo, era la clase de automóvil que tenían mis vecinos, el típico coche aparcado por decenas en los partidos de fútbol de Adam. No tenía nada de malo, aunque no era el modelo que hubiera imaginado para un hombre con tanto dinero como Gao Ming.

Nos movíamos por calles principales, avanzando entre un mar de altos edificios de oficinas y edificios de apartamentos. En cada vuelta de esquina, esperaba toparme con un paisaje totalmente distinto, con un desvío hacia una zona residencial de casitas unifamiliares o con una extensión de césped, pero la densa hilera de edificios altos se prolongaba hasta el infinito. Gao Ming y yo íbamos charlando amigablemente. Me habló de algunas de sus inversiones más importantes, incluida la productora y una nueva empresa que acababa de crear en Brasil. Yo le hablé sobre mi trabajo en la industria del automóvil. Al final, le pregunté cómo había conocido a Julian.

—Nos conocimos en los tribunales. Por una demanda —aclaró Gao Ming entre risas—. En realidad, su cliente me había demandado —prosiguió—. Sin éxito, debo añadir.

—Creía que Julian jamás perdía —dije. Me habían contado ciertas historias sobre él.

—Su cliente carecía de argumentos para un caso, pero para Julian eso no tenía importancia. Tuve suerte de que aquella demanda llegara al final de la carrera de tu primo, cuando no estaba precisamente en su mejor momento.

—Deja que lo adivine. Retomó el contacto contigo al regresar del Himalaya.

—No te equivocas —respondió Gao Ming, quien había reducido la marcha para aparcar en un hueco que encontró de milagro en la calle—. Por favor, discúlpame un momento. Quiero pasar un segundo por esa cafetería de ahí. Será solo un minuto.

Me quedé mirando mientras salía del coche, corría por la acera y desaparecía por la puerta de una pequeña cafetería muy iluminada. Eran al menos las ocho de la tarde y el lugar estaba abarrotado. Vi a docenas de personas apiñadas en pequeñas mesas instaladas a lo largo del angosto local.

Como había prometido, Gao Ming salió transcurrido un minuto. Cuando entró al coche, parecía encantado.

—Otra de mis inversiones —aclaró—. Chang Wei es de mi pueblo natal. Empezó a trabajar aquí en Shanghái con un pequeño carrito en los pasillos de un centro comercial. Le pagué la mitad del carrito. Y ahora, su cafetería es uno de los puntos de encuentro más populares de esta zona de la ciudad. Estamos hablando de abrir un segundo local.

—Parece que está yéndole bastante bien —comenté.

—Bueno, por las tardes sí le va bien. Es el momento en que la gente sale a tomar café: la tarde noche. Aquí en China, el café todavía no es algo que se tome por las mañanas. Pero Chang Wei está trabajando en ello. Tiene unos cuantos clientes habituales por las mañanas. Además, está intentando captar clientela de más edad. Hoy por hoy, los principales consumidores de café son básicamente jóvenes. Hay algunos hombres de negocios, pero la mayoría de las personas de mi edad consideran que tomar café es una moda pasajera de Occidente.

Gao Ming volvió a prestar atención a la conducción, mientras yo miraba cómo desaparecía la pequeña tienda por el retrovisor. Parecía una empresa demasiado humilde para un hombre con negocios de capitales tan elevados como los que gestionaba Gao Ming.

Pasaron otros veinte minutos antes de que entráramos a una concurrida calle y descendiéramos a un aparcamiento subterráneo. El cambio de dirección me había sorprendido. Estábamos rodeados por altísimos edificios de apartamentos bastante anodinos. No había divisado ninguna casa elegante ni ninguna urbanización lujosa.

Gao Ming aparcó en una plaza. Los coches que tenía a ambos lados eran modestos. Descendió del vehículo y abrió la puerta trasera para recoger la revista y su maletín. Lo seguí y fuimos hacia la zona de ascensores.

El piso de Gao Ming, al igual que su coche, contrastaba claramente con todo lo que había visto al principio del día. Era bastante más grande que mi propio piso, sin duda, y estaba decorado con elegancia y muy buen gusto. La vivienda se hallaba en la planta decimoquinta; la panorámica nocturna de los rascacielos de Shanghái era impresionante. Sin embargo, todo lo demás era sencillo. Su esposa, Ling, una hermosa mujer de mediana edad, iba vestida con tejanos negros y camiseta blanca —un atuendo que Annisha podría haber llevado—, complementados con llamativa bisutería color turquesa. No llevaba ni diamantes en los dedos ni colgando de las orejas.

Su hija, Mei, había salido con unos amigos, así que cenaríamos los tres solos. Gao Ming y yo tomamos una copa de vino mientras la señora Gao disponía toda una serie de cosas sobre la mesa.

—¿Puedo ayudar? —pregunté entrando al comedor.

—No, no —respondió Ling—. Gracias.

La mesa estaba cubierta de platos tapados. El olor que desprendían era celestial.

—¿Has preparado tú todo esto? —pregunté, sorprendido.

Gao Ming empezó a hablar en mandarín a su mujer. Él hablaba mi idioma con tanta fluidez que no se me había ocurrido que ella no lo hablase.

—A Ling le gusta cocinar —aclaró él—. Si celebramos una gran fiesta, contratamos el cátering, pero cuando solo somos nosotros tres o un par de amigos para cenar, mi esposa prefiere prepararlo todo. Algunas veces incluso me deja ayudar. —Empezó a reír, y su mujer le lanzó una mirada interrogativa. Él repitió el comentario en mandarín y ella sonrió.

Comí mucho más de lo que debería. Cuando acabamos de cenar, Gao Ming y yo ayudamos a Ling a recoger la mesa y luego él sugirió que tomáramos el té en su estudio.

—Tengo algo que darte —dijo mientras me indicaba el camino.

Nos trasladamos a una pequeña sala forrada de estanterías llenas de libros. Había una mesa de escritorio situada junto a la ventana, con la silla orientada hacia la ciudad de deslumbrante iluminación. El resto del espacio lo ocupaban dos sillas tapizadas dispuestas en torno a una mesita de café circular.

Ocupé una de las sillas mientras Gao Ming se dirigía hacia la mesa. Abrió un cajón y sacó alguna cosa. Al volverse hacia mí, vi que en una mano llevaba una cajita roja forrada de seda.

—El talismán de Julian —anunció con orgullo, y colocó con delicadeza la caja en la palma de mi mano.

Levanté la tapa y eché un vistazo al interior. La caja contenía una pequeña caracola cilíndrica, de dos centímetros y medio de largo y algo más de un centímetro de ancho. La saqué de la caja y me la puse en la mano. Era una concha sencilla, normal y corriente. En realidad no parecía un amuleto ni un tesoro especial. Había un pequeño trozo de papel doblado en el fondo de la caja. Lo saqué y lo desdoblé.

La nota decía:

> Los placeres más simples de nuestra vida son nuestras mayores alegrías
>
> La mayoría de las personas no descubren qué es más importante en la vida hasta que son demasiado mayores para actuar en consecuencia. Pasan gran parte de sus mejores años persiguiendo objetivos que al final importan poco. Aunque la sociedad nos invita a llenar nuestras vidas de objetos materiales, la mejor parte de nosotros sabe que

los placeres más simples son los que nos enriquecen y nos llenan. No importa que nuestra situación sea difícil o acomodada, todos poseemos una gran riqueza de sencillas bendiciones a nuestro alrededor, a la espera de que la valoremos. Si lo hacemos, nuestra felicidad aumenta. Nuestra gratitud se propaga. Y cada día se convierte en un asombroso regalo.

Me quedé mirando a Gao Ming. Pensaba en todos los símbolos de riqueza que había visto aquella tarde y en el sencillo apartamento, el coche familiar...

—Imagino que tendrás algo que añadir a esto —comenté sosteniendo la caracola.

—Sí, tengo algunos pensamientos relacionados con este talismán y con la nota de Julian. Pero, antes, creo que tienes algunas preguntas que hacerme. —Ladeé la cabeza. No estaba seguro de adónde quería ir a parar—. Me he fijado en tu expresión cuando has visto mi coche y mi apartamento. Y creo que también debes de estar preguntándote algo sobre la cafetería. Lo único que pasa es que eres demasiado educado para preguntar. Pero no tengas miedo a ofenderme. Pregúntame cuanto quieras.

Estaba claro que a él no podía engañarle, ya sabía por qué me había quedado perplejo. Pero deseaba que yo lo expresase en voz alta; al menos tenía que intentarlo.

—Es por lo del yate, el Bentley, el helicóptero... Bueno, quiero decir... Parece que los negocios te van muy bien, pero... —Estaba en un aprieto. No se me ocurría ninguna forma adecuada de expresarlo—. No pretendo ser grosero... pero tu coche, tu piso... Bueno, es que, están bien, entiéndeme, están muy bien, pero...

—Pero no son ni el coche ni la casa típicos de un hombre tan rico como yo —concluyó Gao Ming, sonriendo—. Te preguntas si intento fingir que tengo éxito por el bien de mi negocio. Te preguntas si tengo problemas económicos...

No dije nada. La conversación resultaba violenta.

—No, Jonathan. No tengo problemas. Los símbolos de riqueza que has visto hoy son todos muy reales. Soy un hombre extremadamente rico. Pero mi coche, mi casa... todo está relacionado con ese papelito que tienes en la mano.

Miré la nota de Julian.

—¿El Volvo es un placer sencillo? —pregunté.

Gao Ming rió.

—Puede que para otra persona sí, a mí, en realidad, no me gustan mucho los coches —respondió—. No —prosiguió—, supongo que la relación con la nota requiere una breve explicación. Verás, Jonathan, yo no nací en el seno de un hogar adinerado. Mi familia no pertenecía siquiera a la clase media, no al menos si hablamos según los estándares estadounidenses. Mis padres trabajaban en una fábrica textil de Xintang. El diminuto apartamento donde vivíamos haría que este pareciera una mansión.

Notaba cómo iba ruborizándome. Empecé a darme cuenta de que había hecho una serie de suposiciones y había sacado toda una serie de conclusiones sobre Gao Ming basándome en mi vida de estadounidense de clase media.

—No intento hacerte sentir mal, Jonathan. Solo intento explicarte amablemente todas las contradicciones que has visto hoy.

Asentí en silencio.

—Contarte la historia de cómo llegué hasta aquí desde las fábricas textiles de Xintang me llevaría toda la noche, así que me limitaré a decirte que conseguí salir de allí y abrir un pequeño negocio en Shanghái. Trabajé duro, tuve suerte y al final vendí esa empresa a cambio de lo que a mí me pareció el patrimonio de un rey. Con ese dinero, empecé a invertir en otras empresas, grandes y pequeñas. Hace algunas décadas, este era un país donde abundaban las oportunidades.

Gao Ming me contó que, cuando su negocio empezó a despegar, hizo lo que yo suponía que habría hecho cualquier nuevo rico. Compró ropa cara, coches elegantes y un yate. Gastaba el dinero a manos llenas en salir a cenar, en ir de vacaciones y en hacer regalos.

—Lo único que no compré fue un ático lujoso ni una casa enorme. Ling fue inflexible en ese aspecto. Compramos este piso antes de que naciera nuestra hija. Para Ling era nuestro hogar. No quería mudarse jamás.

Gao siguió explicándome que una tarde Ling le había pedido que fueran los dos con la niña a dar un paseo por el parque. Él respondió que no tenía tiempo, que debía ir al concesionario de automóviles para reunirse con un comercial y ver un deportivo que quería comprar. Ling se quedó mirándolo con expresión de decepción y le preguntó: «Gao Ming, ¿prefieres comprar a vivir?».

—No estaba enfadada, solo triste. Durante toda la tarde escuché el eco de sus palabras. Y continué escuchándolo los siguientes días y semanas.

Gao Ming no compró el coche nuevo. Se dio cuenta de que no le importaban nada los coches. Y no le interesaba en absoluto tener una vivienda elegante. De hecho, no disfrutaba de la gran mayoría de objetos que había estado comprando durante todo ese tiempo.

—Los compraba porque creía que era lo que debía hacer. Así que dejé de comprar. Y no eché de menos ni una sola de esas cosas. De lo que sí me arrepentí es de no haber dado ese paseo con mi familia.

Gao Ming me contó que había conservado el Bentley y el helicóptero por la empresa. Con el helicóptero se ahorraba mucho tiempo, tiempo que podía pasar con Ling. Y el yate era un buen lugar donde entretener a sus clientes, ya que su casa era demasiado pequeña para ello.

—Ahí es donde reside la sabiduría del talismán —dijo Gao Ming—. Me di cuenta de que al vivir como lo hacía, estaba perdiéndome los placeres sencillos, los mejores de la vida.

—El dinero no puede comprar la felicidad, ¿verdad? —apostillé. Era una de las frases favoritas de mi madre.

—No me malinterpretes —me dijo Gao Ming, y se acercó a mí para subrayar sus palabras—. He sido pobre, sería incapaz de decir que el dinero no importa. Hoy has disfrutado de la opulencia de Shanghái. Pero no has tenido oportunidad de ver el grave nivel de pobreza que hay en este país. Los pobres de esta ciudad, y del resto de la nación, tienen pocas oportunidades. No siempre pueden disfrutar de los placeres sencillos porque trabajan muy duro para no morir de hambre o de sufrimiento. Están demasiado cansados por la difícil tarea de alimentarse, vestirse y procurarse un techo, a ellos y a sus familias. Mis padres tenían muy poco tiempo para disfrutar de los placeres, los sencillos o los de cualquier otra clase.

Gao Ming se sentó de nuevo. Luego se inclinó hacia delante para volver a llenar su taza de té. Se ofreció a llenarme la mía, pero negué con la cabeza.

—¿Sabes qué, Jonathan? —dijo Gao Ming con parsimonia—, a mí me parece que la mayoría de los que hemos tenido la suerte de haber huido de la pobreza olvidamos qué supone tener un poco de dinero. Gracias al dinero tenemos la libertad de escoger nuestras trayectorias profesionales, nuestras viviendas, cosas por el estilo. Nos da la libertad de poder pasar tiempo con nuestros amigos y familiares. Nos permite disfrutar de las cosas sencillas. Pero las personas creen que tener dinero solo tiene relación con las cosas que podemos comprar; con lo que podemos consumir. Por eso se dejan obnubilar por el juguete más llamativo del momento, tal como me ocurrió a mí. Y si empiezan a comprar demasiadas cosas, a gastar demasiado dinero, pueden quedar atrapados. Más atrapados incluso que los verdaderamente pobres. Quedan atrapados por las hipotecas y las deudas generadas por las tarjetas de crédito y los préstamos. O, sencillamente, atrapados por tener que ganar todo el dinero que exige el tren de vida que quieren llevar. Al fin y al cabo, como Julian siempre dice, cuanto más adicto eres a tener, menos te dedicarás a llegar a ser. He descubierto que la verdadera felicidad no la da la acumulación de objetos. No, la felicidad duradera la da la capacidad de disfrutar de los placeres sencillos, como una brisa de aire fresco en un día caluroso, o un cielo estrellado tras un día de trabajo duro. O reírse con tus seres queridos durante una comida de tres horas cocinada en casa.

—La caracola... —dije y la saqué de la caja—. ¿Recoger conchas en la playa?

—Exacto —respondió Gao Ming—. Los mejores momentos que he pasado han sido construyendo castillos de arena con Mei y con Ling en la playa de Qingdao. La caracola que me entregó Julian ha sido un hermoso modo de recordar los momentos perfectos de ese día perfecto. Y esos recuerdos son una forma de riqueza.

Permanecimos en silencio durante un instante. Estaba pensando en otra playa, en otra mujer, en otro niño. Pero había algo que seguía molestándome.

Al final me decidí y dije:

—Pero Gao Ming, si ya eres un hombre rico, ¿por qué no dejas de trabajar y pasas todo tu tiempo disfrutando de los placeres sencillos?

Él se rió.

—Buena pregunta. Ling me la hace todo el tiempo.

Tomó un sorbo de té y volvió a dejar la taza sobre la mesa que teníamos delante.

—El trabajo también es un placer para mí, Jonathan. Pero es algo más. ¿Recuerdas la cafetería donde hemos parado?

Asentí en silencio.

—No es el único negocio pequeño en el que he invertido. Por cada gran empresa que inicio, intento encontrar al menos dos pequeños negocios que financiar. Busco a personas que crean que pueden cambiar su vida además de la vida de los demás. Pequeños negocios en las aldeas del país y en las ciudades con una gran población; empresas familiares y estudiantes universitarios que empiezan por su cuenta; emprendedores con ideas innovadoras y pasión por el trabajo. Y hago el seguimiento de esos negocios como los agentes de bolsa siguen los movimientos del mercado. Los hombres y las mujeres a los que presto el dinero convierten mis dólares en vidas nuevas, logran que mi contribución llegué más allá de lo que yo podría conseguir solo. Y me ayudan a construir un mundo mejor en el proceso. Cambiar el panorama general se ha convertido en un objetivo más importante para mí que ganar dinero. Darme cuenta de ello ha hecho que mi vida sea mucho más feliz, Jonathan.

—Eso es maravilloso.

La historia de Gao Ming me hizo sentir muy pequeño.

Mi anfitrión sacudió la cabeza. Luego miró por la ventana hacia las brillantes luces de Shanghái que se multiplicaban ante nuestros ojos. No dije nada. Él parecía estar pensando en algo.

Al final, volvió a hablar.

—Unos meses después de que Julian sufriera el infarto, me escribió una carta —dijo—. Debo decirte que no estaba muy seguro de querer abrirla. Tenía miedo de que fuera

otra demanda judicial. Pero no lo era. Era una nota manus-
crita. Julian decía que había tenido que dejar de ejercer
como abogado, que había vendido todas sus pertenencias.
Había viajado. Había aprendido cosas. Y decía que estaba
muy contento de haber perdido aquella demanda contra
mí. Decía que yo era un hombre al que le gustaría conocer
mejor.

Gao Ming estaba sonriendo al recordarlo.

—Jamás olvidaré las últimas frases de aquella carta —prosiguió Gao Ming—. «La felicidad duradera —escribió Julian—, nos la proporcionan las consecuencias de nuestros
actos, no la cantidad de nuestros ingresos. La verdadera
realización es un producto del valor que generamos y de
nuestra contribución a mejorar el mundo, no del coche
que conducimos ni de la casa que compramos. Y yo he
aprendido que la valía personal es más importante que el
patrimonio personal. Pero creo que eso ya lo sabes.»

—Y ya lo sabías —confirmé.

—Ya lo sabía —respondió Gao Ming.

A última hora de la noche, ya de regreso en el hotel, me situé delante de las ventanas del salón y contemplé las silue-
tas de los rascacielos situados al otro lado del río. La vista
era maravillosa durante el día, pero cuando se ponía el
sol, el perfil de la ciudad adquiría el aspecto de un parque
de atracciones futurista o una compleja exposición de esculturas abstractas: esferas de colores espectaculares, columnas, agujas, cilindros, deslumbrantes y brillantes como

cristal esmerilado. Incluso el viaje de regreso en coche desde la casa de Gao Ming había sido asombroso. Los rascacielos estaban coronados con luces de colores, como piedras preciosas. Jamás había visto nada parecido.

Sin embargo, pensé en lo que me había dicho mi anfitrión aquella noche. Todos esos destellos resultaban seductores. Me habría encantado tener más tiempo para explorar la ciudad, aunque los sentimientos que me habían evocado el lujoso despacho, el Bentley, el helicóptero, el actor, incluso la suite de aquel hotel tenían más relación con el placer que con la verdadera felicidad. Quizá fuera esa la clave de la diferencia que intentaba marcar Gao Ming. ¿Cómo iba a pretender que ese tipo de riquezas me hicieran feliz si me había resultado imposible disfrutar incluso de los placeres sencillos de la vida? Me parecía que tanto Julian como Gao Ming habían descubierto algo que los ricos nunca tendrán: la sensación de poseer lo suficiente.

La verdad era que si hubiera podido tener lo que realmente deseaba en ese preciso instante, allí, solo en aquella habitación de hotel, a miles de kilómetros de mi casa, no habría sido ni un yate ni un coche de lujo ni una mansión descomunal. Habría sido una respuesta.

Esa noche soñé con las sinuosas carreteras de Cabo Bretón que había recorrido a principios de aquella semana. Ellas me habían hecho pensar en los últimos días de Juan. Vivía a las afueras de la ciudad y regresaba a casa por la noche, cuando la hora punta ya había pasado. Ocurrió en primavera, la calzada estaba seca. Fue en un tramo de carretera que atravesaba unas zonas boscosas situadas cerca de su casa. Era un camino que realizaba a diario, aunque, por algún motivo, había chocado contra el quitamiedos y se había despeñado por un barranco. El investigador forense certificó que había sufrido múltiples heridas mortales, pero que la causa de la muerte fue un infarto fulminante. Emily, su esposa, aseguró que lo había matado la presión que sufría en el trabajo. No me cabía ninguna duda de que así había sido. Cuando Juan subió a su coche aquella noche, era la sombra del hombre que un día conocí. Los últimos años en la empresa, la presión, el aislamiento, el abandono por parte de sus amigos y compañeros... todo eso había acabado con él. Sin embargo, había una pregunta que nadie estaba haciéndose. Una pregunta que me mantuvo desvelado aquella noche. Una pregunta cuya respuesta buscaba con desesperación. Pero era un rompecabezas para el que tal vez jamás encontrase la pieza que faltaba.

CAPÍTULO 10

Nada podía contrastar más con el paisaje urbano de Shanghái, tan glamuroso y frenético, que las silenciosas y polvorientas llanuras que me rodeaban en el trayecto de autopista entre Phoenix y Sedona, en Arizona. Tras haber estado volando la mayor parte del día, había llegado a Phoenix a primera hora de la tarde, había recogido un coche de alquiler y me había puesto en marcha. Pese al hecho de haber estado avanzando y retrocediendo por zonas horarias como un piloto de avión, me sentía sorprendentemente bien. No creía que el jet lag fuera algo a lo que uno pudiera llegar a acostumbrarse, pero ahora parecía capaz de dormirme cuando lo necesitaba y despertarme con el sol, sin importar dónde estuviera.

Cerca de la frontera norte de Phoenix, paré en un restaurante, franquicia de una de esas omnipresentes cadenas que ofrecen mucha cantidad en detrimento de la calidad. Tenía hambre y allí podría comer rápido y sin complicaciones. Al entrar, me percaté de toda la propaganda turística que había en un expositor de la entrada. Cogí unos cuantos folletos antes de dirigirme hacia el mostrador donde estaba la jefa de restaurante.

Ella me condujo a una mesa, y un joven, que no debía de tener más de diecisiete años, apareció de pronto junto a mí. Pedí un sándwich club y un zumo, y el camarero volvió a desaparecer. Contemplé la pequeña pila de folletos que había formado sobre la mesa. Uno de ellos me llamó especialmente la atención. Hablaba de excursiones «al vórtice», que podían realizarse en la zona de Sedona. Según el folleto, el área de Sedona se considera el lugar donde se encuentran al menos cuatro vórtices de energía: lugares del territorio donde las líneas energéticas invisibles del planeta se entrecruzan y generan una increíble concentración de energía con asombrosas propiedades terapéuticas. Al parecer había toda una industria creada alrededor de aquel tema de los vórtices: un folleto ofrecía un listado con docenas de masajistas especializados, lectores de las cartas del tarot, reequilibradores del campo magnético individual, incluso terapeutas que hacían regresiones a vidas pasadas. «Dios mío», pensé. Ya tenía suficientes retos personales en mi vida como para sumergirme en otro más.

Me pregunté por qué Julian habría enviado el talismán a este lugar. ¿Tendría el amuleto algo que ver con los cristales o con el aura o con los campos energéticos?

Cuando me terminé el bocadillo, mi joven camarero se materializó a mi lado como por arte de magia y me ofreció café y un postre. Rechacé la invitación, pero no pude evitar pensar en lo mucho que aquel muchacho me recordaba a Lluís. Era posible que no pasara el resto de su vida sirviendo mesas, pero tenía la sensación de que, sin importar qué terminase haciendo, lo haría con entusiasmo y éxito.

Pagué la cuenta, salí del restaurante y crucé el aparcamiento en dirección a mi coche de alquiler. Era hora de partir para conocer a Ronnie Begay. Según las indicaciones de Julian, la mujer vivía a unos ciento sesenta kilómetros al norte de Phoenix.

Tras unos minutos de recorrido bajé las ventanillas. La caricia de la fragante brisa del desierto resultaba agradable sobre la piel: era un cambio que agradecía tras la vaporosa humedad de Shanghái. Oí que me sonaba el teléfono, pero no lo cogí. Debía concentrarme en la carretera.

El número de mensajes del despacho había ido disminuyendo paulatinamente. En realidad no esperaba ninguna respuesta de Tessa, pero tampoco sabía nada de Nawang. El día anterior, ella había hecho referencia a su silencio con una disculpa: «Siento no haberte mantenido al día, pero por aquí es todo una locura. Durante estos días, Luke, Katherine y Sven han estado encerrados en la sala de reuniones con un grupo de hombres y mujeres que no conozco. Se rumorea que harán un anuncio al final del día, tal vez mañana. Está claro que está a punto de producirse una fusión, aunque todo el mundo intenta averiguar si van a comprarnos o si vamos a comprar nosotros. David está perdiendo los nervios. Parece bastante convencido de que, pase lo que pase, le van a dar pasaporte».

Intenté no alegrarme por ello. Ayame no se habría alegrado mucho de mi reacción malintencionada.

«No sé qué pensar sobre mi puesto ni sobre el tuyo», escribía Nawang.

Me di cuenta de que aquella incertidumbre no me preocupaba en absoluto.

La reorganización inevitable del personal no supondría una amenaza para mí. Sería una oportunidad. Si me incluían en la lista de despidos, aprovecharía la libertad para hablar con una serie de empresas que podrían estar interesadas en ofrecerme un puesto que encajara mejor conmigo. Si la empresa reorganizada quería mantenerme en plantilla, intentaría averiguar si había algún otro puesto que pudiera ocupar. Desde la muerte de Juan había una vacante en el departamento de diseño. Tal vez pudiera solicitarla. En cualquier caso, podría aprovechar la transformación de la empresa en beneficio propio. Me emocionaba la posibilidad de cambio.

Eso era algo nuevo: contemplar el cambio con expectación y sin miedo; aceptando la incertidumbre que siempre puede surgir ante cualquier clase de transformación importante en la vida. Tal vez empezaba a parecerme un poco a mi hermana, Kira.

Mientras yo siempre escogía el camino seguro y mejor indicado, Kira siempre había luchado por salir adelante, de forma incesante. Al terminar el instituto, trabajó durante medio año y luego se unió a un programa de intercambio juvenil, ayudando como voluntaria en orfanatos. Después de la universidad, viajó alrededor del mundo y visitó lugares maravillosos, desde Malasia, Bali o Nueva Zelanda hasta Suecia, Estonia o Rusia, pero jamás dejó de trabajar para mantenerse. Durante uno de sus viajes visitó una cooperativa de mujeres en Guatemala. Quedó impresionada por el trabajo de esas mujeres —elaborados cojines bordados a mano y manteles— y por su habilidad artesanal, su esperanza y su valentía. Cuando volvió a casa, Kira anunció que iba a buscar un nicho de mercado para los productos de las artesanas guatemaltecas y ayudarlas a vender sus obras. Pasados unos años, dirigía una importante empresa de importación de comercio justo y tenía tiendas en las principales ciudades de Estados Unidos. Cuando nacieron sus gemelos, Kira decidió vender el negocio a uno de sus socios. Pasaría unos cuantos años en casa y planearía su próxima aventura profesional. Cuando expresé mi sorpresa ante la posibilidad de que dejara el negocio por el que había trabajado tan duramente, se rió.

—No pienso vivir el mismo día una y otra vez y creer que eso es vida —respondió.

Las indicaciones que me había dado Julian para llegar a mi destino en coche eran bastante sencillas. Salí de la autopista y conduje por una pequeña carretera durante una hora y media, luego tomé otra carretera que describía toda una serie de curvas hasta llegar a un grupo de viviendas situadas a ambos lados del camino. La mayoría eran caravanas, equipadas con porches, toldos y otros complementos fijos. Intercalados entre las autocaravanas había un par de bungalows de techos bajos y dimensiones reducidas. Unos cuantos estaban cercados con verjas metálicas. Pequeños espacios de césped marchito rodeaban las viviendas, pero el desierto reptaba hasta la mismísima linde de los matojos que luchaban por subsistir y se extendía hasta donde alcanzaba la vista. Al final, localicé el número de la calle en un buzón que había delante de una bonita casa de color marrón. Aparqué en el caminito de grava junto a una ranchera de color gris aparcada frente a un pequeño garaje. Al bajar del coche, al calor del mediodía, me percaté de que el jardín delantero estaba plagado de plásticos de llamativos colores; juguetes infantiles. Sin duda alguna, el ruido de las ruedas sobre la grava alertó a Ronnie, quien abrió la puerta de su casa de golpe justo cuando yo me dirigía hacia allá.

—¡Jonathan! —exclamó, como si fuéramos amigos de toda la vida que hacía tiempo que no se veían.

Ronnie debía de tener unos sesenta años: su pelo negro estaba encanecido casi por completo. Lucía un rostro bronceado y curtido, aunque en absoluto demacrado. Cuando reía parecía como si las líneas alrededor de sus ojos y las marcas de expresión de la boca empezaran a bailar.

Me condujo hasta el salón y me advirtió que tuviera cuidado con el escalón y con los juguetes y juegos desparramados por el suelo.

—¿Puedes creer que ya lo he recogido todo una vez esta mañana? —dijo riendo.

—Tengo uno de seis años —respondí—. Sé de qué va el tema.

Ronnie entró a la cocina y echó un vistazo por la ventana. Seguí su mirada. En el patio trasero vi a seis niños de diversas edades jugando a algo con una pelota hinchable

gigante. Ronnie me contó que eran sus nietos y sus sobrinos nietos.

Los nietos estaban de visita por esa tarde, pero los sobrinos nietos vivían en la casa.

—Mi sobrina siempre ha tenido un montón de problemas —me explicó Ronnie como si nada—. Su padre se lar-
gó, su madre no está bien y jamás ha estado disponible
para ayudar. Hace algunos años, las cosas llegaron a un
punto crítico. Al parecer, iban a quitarle a los niños.

Ronnie abrió la ventana de la cocina para decir algo.

—Rose, asegúrate de que a Sammy también le toca,
¿vale? —Y se volvió de nuevo hacia mí—. José y yo éramos
los únicos de la familia con espacio y recursos para acoger
a estos niños. —Ronnie se llevó la mano al pecho, como si
se presionara el corazón para que no se le saliera—. Es la
mejor decisión que he tomado en mi vida —afirmó con una
sonrisa.

Se acercó a la nevera y sacó una jarra enorme.

—¿Té helado? —preguntó. Cuando asentí en silencio,
llenó dos vasos colocados sobre el mostrador de la cocina
y me pasó uno. Dejó el otro donde estaba y se dirigió hacia
la puerta trasera—. Lo siento —se disculpó—, pero he
prometido a los chicos algo de merendar y será mejor que
se lo dé ya, antes de que se les junte con la cena. —Salió por
la puerta.

Me quedé mirándola a través de la mosquitera mientras
se dirigía hacia el garaje. Regresó, transcurridos unos minutos, con una sandía enorme. Cuando los niños la vieron,
la siguieron hasta el interior de la cocina. «Sandía, sandía,

sandía» iban canturreando, como si estuvieran pidiendo un bis en un concierto de rock.

—Es la primera de la temporada —me informó Ronnie—. Ya sé que hoy en día se puede comprar en el supermercado en cualquier época del año, pero yo no la compro hasta que el calor aprieta. Sabe mucho mejor en verano.

Dijo a los niños que se sentaran a la mesa del jardín y que les llevaría la merienda cuando estuviera lista. Los críos se apelotonaron en la puerta.

Ronnie puso la sandía sobre una gran tabla de madera colocada sobre el mostrador, sacó un enorme cuchillo de un cajón y lo clavó en el corazón de la sandía. Se oyó un delicioso crujido húmedo. Ronnie enterró el cuchillo en la jugosa carne roja y cortó la sandía en cuartos. Entonces empezó a hacer rodajas de cada cuarto como si estuviera cortando una gruesa barra de pan. Cuando huvo cortado el primer cuarto, escogió una rodaja del centro y me la pasó.

No recordaba la última vez que había comido sandía, pero cuando mordí esa carne fresca y dulce, me invadió un recuerdo repentino. Fue en otro patio trasero, hacía varias décadas. Era mi madre, con el pelo recogido con un colorido pañuelo, sosteniendo una bandeja con los brazos extendidos.

Esa era la clase de momento del que me había hablado Gao Ming. Allí, en la casa de Ronnie, la primera sandía de la temporada todavía era un acontecimiento, un motivo de celebración.

Después de que mi nueva anfitriona sacara una bandeja al exterior e hiciera un segundo viaje para recoger las cáscaras y limpiar un par de caras, regresó y dio un buen sorbo a su té helado.

—Espero que no te importe —dijo—, pero ahora tengo que empezar con la cena.

Me senté en la cocina con aire acondicionado de Ronnie mientras ella se disponía a preparar la comida familiar. Su hija Rose seguramente se quedaría con los niños, comentó. José, el marido de Ronnie, regresaría pronto a casa. Traería a su hermana con él. Trabajaban juntos.

—Mi casa jamás está vacía —comentó—. Puede ser agotador, pero a mí me gusta.

Fue hacia la nevera y sacó una gran bolsa de pimientos rojos. Mientras los lavaba, se volvió para mirarme.

—Aunque tengo algo que darte, estaría bien buscar algún lugar tranquilo para hablar. He pensado que, después de la cena, podríamos ir en coche hasta Red Rocks para que puedas contemplar la puesta de sol. Sería un crimen que hubieras llegado hasta aquí y te marcharas sin ver nuestras rocas rojas.

Varias horas más tarde, Ronnie y yo estábamos sentados al borde de una roca gigantesca, contemplando los impresionantes pilares de arenisca roja que se alzaban con majestuosidad sobre el desierto. Mientras el sol se ocultaba, parecía como si las piedras absorbieran el fuego que iba consumiéndose. Relucían con un tono anaranjado intenso, como ascuas. El paisaje me recordaba ligeramente al Templo del Mago bajo el sol del amanecer.

—Tengo la sensación de haber visto esto antes —comenté.

—En las películas —respondió Ronnie—. En las del oeste.

Seguramente tenía razón. Pero, además, ese lugar parecía algo especial. Sentía como si tuviera una conexión más personal que me unía a él. Me pregunté si esa sensación tendría algo que ver con lo que había leído en los folletos.

—He estado leyendo algo sobre los puntos energéticos —dije a Ronnie.

Ella hizo una mueca.

—Por estos lares los llamamos vórtices —especificó ella.

—Vórtices. Sí. ¿Estamos cerca de ellos? ¿Hay alguno por aquí? —pregunté.

—Hay uno a un par de kilómetros, en esa dirección. —Ronnie señaló hacia la derecha, pero no me dio más detalles al respecto.

—No pareces dar mucho crédito a todo el tema —le dije.

Ronnie sonrió y removió con la punta del zapato la tierra resquebrajada.

—Bueno —empezó a decir con parsimonia—, ¿sabes?, la gente de por aquí, los nativos, nunca han considerado esos lugares como sitios particularmente sagrados, al menos no creen que sean más sagrados que todo el resto del territorio. —Ronnie se agachó para limpiarse la tierra—. Pero eso no quiere decir que este lugar no sea especial. Mi pueblo siempre ha tenido una conexión con el territorio y yo creo en los poderes curativos de la tierra. En ser uno con la naturaleza.

—Pero... —repliqué. Estaba claro que su discurso continuaba con un «pero».

—Pero lo que de verdad creo —dijo Ronnie. En ese momento se había vuelto hacia las rocas para mirarlas. La luz empezaba a debilitarse. Las piedras relucían ligeramente— es que la cura más poderosa está en el sitio donde se encuentra uno. No está limitado ni a un lugar, ni a una época, ni a una circunstancia.

Una pequeña lagartija gris pasó escabulléndose por el suelo delante de nosotros. Observé cómo desaparecía por detrás de unos arbustos.

—¿Te ha contado Julian alguna vez cómo nos conocimos? —me preguntó Ronnie.

—No —respondí—, pero estoy seguro de que hay una historia detrás.

Y la había. Ronnie me explicó que había conocido a Julian hacía muchos años, cuando él era un abogado de renombre.

—Bueno, por aquel entonces yo no sabía a qué se dedicaba —admitió—. Me lo contó más adelante.

Julian iba por la autopista a última hora de la tarde, de camino a visitar esas mismas montañas rocosas que contemplábamos. Estaba de viaje en una especie de torneo de golf y había alquilado un lujoso coche deportivo para realizarlo. Él y su bella acompañante habían montado en el coche con una barra de pan, queso y un enorme termo de martinis. Iban a merendar sobre las rocas contemplando la puesta de sol. Pero antes de llegar siquiera a la ciudad de Sedona se les averió el coche. Ronnie vio el reluciente deportivo amarillo aparcado junto a la carretera, con el vapor saliendo de debajo del capó. Se detuvo y se ofreció a llevarlos. Los condujo a su casa, desde donde llamaron a la compañía de alquiler de coches. Enviarían una grúa e intentarían enviar otro vehículo a su casa.

—Fue una tarde bastante larga, no me importa confesártelo —comentó Ronnie—. Mi casa estaba hasta los topes, como siempre: mis hijos adolescentes, mis sobrinas y mis sobrinos. Era un alboroto. José estaba tocando la guitarra; los niños corrían por ahí riendo y gritando, saltando sobre la cama elástica que habíamos instalado detrás.

Julian y su amiga conversaron un rato con Ronnie y su marido, pero parecían claramente molestos porque sus planes se habían visto bastante trastocados. Y todo el jaleo de la casa estaba sacándolos de quicio; para Ronnie resultaba evidente.

—La chica, cuyo nombre no recuerdo, no paraba de taconear en el suelo con el pie. Y Julian no dejaba de dar sorbitos al termo mientras echaba vistazos por la ventana cada dos segundos. Como ninguno de los dos quería hablar, José, los niños y yo seguimos con nuestras cosas.

Cuando apareció el nuevo coche de alquiler, varias horas más tarde, Ronnie había insistido en que la amiga de Julian condujera de vuelta a la ciudad porque él no estaba en condiciones.

—Y eso fue todo lo que supimos de ellos en mucho, mucho tiempo —dijo Ronnie.

Varios años más tarde, recibió una llamada de Julian. Mi primo tuvo que recordarle quién era. La había pillado por sorpresa al preguntarle si podía ir a verla. Dijo que quería visitar Red Rocks definitivamente. Pero, en realidad, lo que más le interesaba era hablar con Ronnie.

—Cuando llegó, bueno, ¿cómo te lo diría?, no lo habría reconocido —comentó ella—. En cierta forma, parecía más joven. Incluso más alto, si es que eso es posible. Y transmitía paz. Paz y felicidad. No era el hombre que yo recordaba.

Julian contó a Ronnie que acababa de regresar del Himalaya, donde había pasado un tiempo con un grupo de monjes. Las lecciones que habían compartido con él habían dado un giro radical a su vida. Pero lo que había aprendido también había hecho que considerase a los demás de forma distinta. Al final se dio cuenta de que numerosas personas que se habían cruzado en su camino a lo largo de los años tenían mucho que enseñarle, mucho que compartir.

Ronnie y Julian fueron a visitar Red Rocks durante la puesta de sol, al igual que ella y yo habíamos hecho esa tarde. Pasearon durante un rato con las piedras reluciendo en la distancia. El silencio y la tranquilidad contrastaban con el ruido y la vitalidad de la casa de Ronnie. Para ella, este contraste conseguía que ambos lugares pareciesen más especiales.

Cuando contemplaban por última vez las piedras y el sol desaparecía del cielo, Julian se volvió hacia Ronnie.

—Tú...—dijo mi primo—, creo que tú conoces el secreto de la vida. Si te preguntase cuál crees que es el propósito de todo, ¿tú qué dirías?

Ronnie interrumpió su historia durante un instante. La miré.

—¿Conoces el secreto de la vida? —le pregunté asombrado.

—Fue tan raro que Julian me hiciera esa pregunta... —dijo Ronnie, negando con la cabeza—. Ya sabes que mi madre era miembro de la tribu de los hopi, y mi padre era navajo. Sus pueblos tienen muchas creencias, pero existen ciertas diferencias entre ambos. Me criaron con esas creencias tradicionales de los indios nativos. Pero mi marido es católico. Tenemos amigos judíos, budistas y musulmanes. He intentado aprender un poco de todas esas religiones. Durante mi juventud, pasé mucho tiempo estudiando y hablando con multitud de personas.

El cielo empezaba a oscurecer; las rocas que asomaban por el horizonte adquirieron un tono granate. Ronnie miró a lo lejos, aunque parecía perdida en sus pensamientos. Esperé a que fuera ella la que empezara a hablar de nuevo.

—Pasé mucho tiempo buscando respuestas. Pero al final decidí que, mientras existieran varias verdades, todo se reducía a una simple cuestión.

Me quedé mirándola con expectación. Me di cuenta de que estaba conteniendo la respiración.

—El objetivo de la vida, Jonathan, es amar. Es así de sencillo.

Me quedé callado unos segundos, asimilándolo.

—Y si nadie te ama, ¿ya no hay nada más que importe?
—pregunté.

—Ese no es exactamente el sentido —dijo Ronnie—. El
objetivo de la vida es amar, no solo ser amado. Amar es un
verbo de acción. Y tiene que ocupar el centro de tu universo. Debería ser el motor de todo cuanto haces. No creo que
uno esté realmente vivo si no ama.

Eso es lo que Ronnie dijo a Julian. Mi primo respondió
que los monjes estaban de acuerdo con ella.

—De hecho —respondió Julian—, me dijeron algo bastante parecido, y he viajado nada más y nada menos que
hasta el Himalaya para escuchar ese mensaje, cuando podría haberlo escuchado de tus labios hace tantos años.

—No estabas preparado para escuchar —dijo Ronnie a
Julian—. Podría habértelo dicho de mil maneras y no lo
habrías entendido.

Ronnie había finalizado su historia. Estaba rebuscando
algo en su bolsillo; sacó una bolsita de lana.

—El talismán —anunció, y me lo entregó.

Solté el fino cordón trenzado y volqué el contenido en la
palma de la mano. El talismán era un diminuto corazón
de plata. Parecía hecho a mano; tanto la superficie como
los bordes eran redondeados y suaves. Jugueteé con el
corazón pasándomelo entre los dedos. Seguía teniendo
la bolsita boca abajo, entonces cayó de su interior un peda-
cito de papel que no había visto. Ronnie se agachó y lo recogió.

Me lo tendió.

El propósito de la vida es amar
Lo bien que vivas depende de cómo ames. El corazón
es más sabio que la razón. Hónralo. Confía en él. Síguelo.

Ronnie y yo regresamos paseando lentamente hacia el lugar donde habíamos aparcado. El aire de la montaña era fresco y soplaba una aromática y suave brisa desértica. Subimos a la ranchera de Ronnie sin decir ni una palabra y nos pusimos en marcha; el ruido de las ruedas llenaba el silencio.

Permanecimos en silencio todo el camino hasta su casa. Ella se percató de que yo necesitaba un tiempo para reflexionar. Estaba dándome cuenta de que había centrado gran parte de mis pensamientos en mi «auténtica vida» laboral. Estaba en el trabajo equivocado. Eso había quedado claro casi desde el principio del viaje. Sin embargo, Ayame, Mary y ahora Ronnie me habían ayudado a entender que también me había traicionado en mi vida personal. No había sido sincero conmigo mismo ni en mis amistades, ni con mi familia, ni con mi vida amorosa. De haber sido el tipo de amigo que yo mismo valoraba, no hubiera vuelto la espalda a Juan. De haberme centrado en ser el padre que quería ser, no habría escatimado en dedicar tiempo de calidad a Adam. Y, si hubiera escuchado a mi corazón, no habría pensado en Tessa ni un segundo. No quería a Tessa. Pero sí quería a Annisha. Con locura.

Pasé la noche en casa de Ronnie. Antes de meterme en la cama, envié tres mensajes. Uno a Annisha y a Adam. Otro solo para Annisha. Y el último para Tessa: «Lo siento», decía.

Me desperté a la mañana siguiente justo cuando el sol empezaba a asomar entre las cortinas. La casa estaba en silencio; me vestí, cogí el cuaderno y me dirigí con sigilo hacia la entrada, salí por la puerta y fui al patio trasero. Al igual que sus vecinos, Ronnie y su marido habían plantado toda una zona de césped alrededor de la vivienda. Pero se había secado con el calor, y las briznas de hierba marrón me rascaron los pies descalzos. Me senté frente a la mesa de teca del jardín y me quedé mirando los kilómetros de desierto que se extendían ante mí. Veía las matas de artemisa y las grandes y redondeadas rocas que salpicaban la tierra reseca y dura; y, aquí y allá, polvorientos arbolitos de enebro o matojos de hierba.

Me quedaba un último y largo tramo del viaje. Julian me había enviado un mensaje en el que decía que saldría del aeropuerto de Phoenix esa mañana en dirección a Nueva Delhi, India. ¡La India! Le pregunté si me enviaría a visitar a los monjes de Sivana, pero él me había contestado: «No, Jonathan, ya llevas mucho tiempo fuera. Te quedan solo un par de días para regresar a casa».

Abrí mi cuaderno y empecé a escribir. Este viaje había tenido como finalidad recolectar toda una serie de objetos místicos para mi primo. Esa parte no había concluido, ya lo sabía. Me quedaba uno más por recuperar. Pero el viaje personal que había sido consciente de haber estado realizando durante aquellas semanas parecía concluido. Ya sabía qué debía hacer. Debía ser sincero conmigo mismo, enfrentarme a mis miedos y pedir que volvieran a trasladarme al laboratorio o encontrar otro puesto. Tendría que regresar al departamento donde podía trabajar lo mejor posible, donde podía alcanzar mi nivel de genialidad laboral. Pero aquel era solo un pequeño aspecto del cambio que debía realizar. Tenía que reconstruir todo mi mundo con Annisha, encontrar una forma de compensar mis errores del pasado y renovar nuestra relación. Tenía que entregarme con devoción a la tarea de ser el mejor padre que pudiera para Adam, y debía dejar de privarme de los placeres de pasar tiempo con mi hijo. De hecho, debía dejar de privarme de la felicidad y de las influencias positivas de todos mis seres queridos: mi madre, mi hermana, mis amigos de siempre y los nuevos. La carta del talismán de Ayame contenía una gran verdad: la forma en que había estado tratando a los demás era la forma en que había estado tratándome a mí mismo. Al tratarlos con desprecio, había vuelto la espalda a mi propia felicidad. No había sido amable con nadie. En un futuro tendría que escoger mejor mis influencias. Tendría que celebrar todos los placeres sencillos que la vida me ofrecía. Y nada de todo aquello ocurriría de la noche a la mañana. Tendría que trabajar a diario, vivir como si cada día fuera mi vida entera en miniatura. Realizar pequeños progresos diarios. Sin excusas.

Sentía como si tuviera todas las herramientas necesarias para avanzar hacia el futuro. Las cartas de los talismanes me las habían proporcionado. ¿Qué quedaría?, ¿qué otra sabia enseñanza me impartiría el último talismán?

CAPÍTULO 11

Estaba enfrente del edifico más magnífico que había contemplado jamás: el Taj Mahal. El lugar estaba en penumbra, y los visitantes locales y los turistas empezaban a marcharse. Parecía un momento extraño para encontrarse con alguien allí, pero en mi viaje no había nada previsible.

Antes de partir desde el aeropuerto de Phoenix, Julian me había enviado un mensaje con instrucciones detalladas. Pasaría la noche en Delhi, en un hotel. Al día siguiente, volaría a Agra, donde me reuniría con el último guardián a la entrada del Taj Mahal, a las siete y media de la tarde. La idea de pasear solo por Delhi y por Agra, habiendo sido avisado con tan poca antelación, me habría puesto de los nervios hacía solo unas semanas. Pero había estado en tantos lugares, había experimentado tantas cosas últimamente que sentía una confianza renovada a la hora de enfrentarme a los desafíos que se presentaran a lo largo del camino. Y en ese instante, todos los pensamientos sobre el pasado y las ideas de futuro se difuminaban mientras me encontraba en la explanada del Taj Mahal con vistas al mausoleo.

Había llegado con cierta antelación, con la idea de poder entrar y visitarlo a solas antes de que cerrasen las puertas al finalizar la jornada. Sin embargo, una vez allí, entendí lo ingenuo que había sido al pensar que podría visitar en condiciones un monumento tan espectacular en tan poco tiempo. Julian todavía no me había dicho cuándo me marcharía de Agra. Esperaba tener tiempo para explorar aquella maravilla arquitectónica con más profundidad. Mientras tanto, me paseé por el exterior del monumento, boquiabierto y volviendo constantemente la cabeza.

Sencillamente estaba abrumado por las dimensiones de aquel lugar. No había nada en las fotos que había visto hasta entonces que consiguiera transmitir la enormidad de aquel edificio, la magnificencia de su sinuosa cúpula, su elegante simetría, sus extraordinarias extensiones. Entonces comprendí por qué Julian había concertado la reunión con el guardián. La puesta de sol hacía que los colores de aquellos resplandecientes muros de mármol y granito adquiriesen un aspecto iridiscente. A medida que me acercaba, me percaté de que las fachadas estaban decoradas con complejos grabados de piedra y delicada caligrafía que llegaba prácticamente hasta el techo. Gemas de diversas clases adornaban la fachada reticular: turquesas, lapislázuli, esmeraldas y coral rojo. Avancé y retrocedí ante aquel edificio, acercándome para examinar los exquisitos detalles, y situándome a cierta distancia para admirar la grandiosidad del monumento en su totalidad.

Había estado paseándome por el Taj Mahal, viviendo el momento con intensidad y olvidando por completo por qué estaba allí, cuando capté con el rabillo del ojo un destello de color carmesí. Me volví. Ante mí vislumbré una silueta alta. A pesar de que estaba a cierta distancia, vi que era un hombre. Permanecía inmóvil, la túnica que cubría su delgada figura se mecía suavemente en la brisa. Entonces se volvió. Y esbozó una sonrisa. Era Julian.

—¿Cómo? —solté. Nada de eso tenía sentido. ¿Qué hacía Julian allí? ¿Por qué no me había contado que iba a ir a la India? Y si había ido hasta allí para recoger los talismanes en persona, ¿por qué me había hecho viajar hasta ese lugar?

—Estoy aquí para quitarte esos talismanes de las manos —dijo Julian y me guiñó un ojo.

Empecé a mover la mandíbula; intenté en vano pronunciar las palabras necesarias para formular todas las preguntas que me venían a la cabeza.

—Ya lo sé —dijo Julian—. Has tenido que recorrer una larga senda para llegar hasta este destino y yo ya estoy aquí. Pero ya llevo un tiempo de camino al Himalaya. En realidad, este era el mejor lugar donde reunirse.

Asentí en silencio, todavía confuso y conmocionado.

—Vamos a bajar hasta allí —indicó mi primo, señalando las alargadas avenidas flanqueadas por árboles y arriates de flores situados a ambos lados del estanque—. Buscaremos un lugar donde sentarnos para disfrutar de la brisa nocturna.

Nos alejamos de los pórticos del Taj Mahal y nos dirigimos hacia la escalinata de piedra. El agua de las fuentes empezaba a oscurecerse; el sol se ocultaba por el horizonte y el cielo adquiría un suave tono índigo.

Mientras paseábamos, Julian se metió la mano en un bolsillo de la túnica.

—¿Quieres ver el último talismán? —preguntó.

—¿Lo tienes tú?

Él asintió y sacó una bolsita marrón del bolsillo. Tendí la mano y él vació el contenido en mi palma. Sostenía una diminuta réplica de mármol del Taj Mahal. No había pergamino ni notas de ninguna clase. Ladeé la cabeza.

—Permite que te explique lo que significa —dijo Julian—. Este último talismán simboliza «el legado» —me aclaró mi primo—. Los monjes dijeron que la mejor forma de evaluar la grandiosidad de alguien es observar la fuerza con que esa persona influye en las generaciones venideras. Si estamos verdaderamente interesados en encontrar algo excepcional en los seres humanos, en lugar de preguntar «¿qué tiene que ofrecerme?», deberíamos preguntar «¿qué tiene que ofrecer al mundo?». Por eso, el Taj Mahal es el símbolo perfecto del legado.

Me volví para contemplar aquella estructura celestial. Refulgía con sus tonos rosados, brillaba como si el edificio mismo fuera una estrella.

—Sí, entiendo —dije—. Este sitio ha inspirado e influido a muchos soñadores de muchos lugares. Durante cientos de años. Me resulta difícil de creer que sea la obra de un solo hombre. Que fuera construido en una sola vida.

—No cabe duda de ello —añadió Julian—. Es una increíble obra de arte, una maravilla arquitectónica. Pocas personas dejan tras su paso algo de tal belleza y trascendencia. Pero cuando pienso en el legado del creador del

Taj Mahal, no estoy pensando realmente en arquitectura.
Miré a Julian, no muy seguro de qué intentaba decirme.

—Te contaré la historia del Taj Mahal —anunció mi
primo.

Me explicó que Shah Jahan era emperador del Imperio
mongol a principios de la década de 1600. Su esposa era
una mujer llamada Mumtaz Mahal, o «Joya de palacio». Él
la adoraba, y ella a él. Por desgracia, Mumtaz Mahal falleció en el parto de su hijo decimocuarto. Según cuenta la leyenda, las últimas palabras de Mumtaz expresaban el amor
eterno que sentía por su marido.

Shah Jahan quedó destrozado por su muerte. Tras un
año de penar recluido y negándose a disfrutar de cualquier
placer terrenal, Jahan decidió pasar el resto de su vida hon-
rando a su mujer con la construcción de un lugar para su
descanso eterno que fuera como el cielo en la tierra. Y cada
año, entre dos y cuatro millones de personas acudían a visitar el mausoleo que Shah Jahan había edificado para el
amor de su vida.

—No seremos muchos los que dejemos en este mundo
algo de las dimensiones del Taj Mahal —dijo Julian—.
Pero contribuciones incluso más pequeñas son también
contribuciones valiosas. — Empezó a rebuscar en el bolsillo de su túnica. Sacó un pequeño fragmento de pergamino
y me lo entregó. Decía:

Lucha por algo superior a ti mismo
No hay personas vivas que estén de más en este mundo.
Cada uno de nosotros está aquí por un motivo, por un pro-

pósito especial, para cumplir una misión. Sí, construye una
vida hermosa para ti y para quienes amas. Sí, sé feliz y pásalo muy bien. Y sí, ten éxito. Siempre siguiendo tus principios y no tanto los que te sugiere la sociedad. Pero, sobre
todas las cosas, sé importante. Haz que tu vida trascienda,
sé útil. Y sé de utilidad al máximo número de personas. Es
la forma en que cada uno de nosotros puede pasar del reino
de lo común a las alturas de lo extraordinario. Y caminar
entre las mejores personas que han existido jamás.

—Habría marcado una tremenda diferencia el que Mumtaz Mahal estuviera viva —dijo Julian en voz baja—. Su
sombra es incluso más alargada que la de su esposo. Fue su
amor el que dio como fruto todo esto. —Julian abarcó el
panorama que teníamos ante nosotros con una mano—.
Algunas veces, Jonathan —prosiguió—, nuestras contribuciones son claramente visibles para el mundo: un avance
científico, una obra de arte, la creación de una empresa
exitosa, la construcción de una casa o de una ciudad. Pero,
otras veces, nuestras contribuciones son menos tangibles,
menos mensurables. Lo importante es que contribuimos.
Que marcamos la diferencia. Que dejamos un legado.

En ese momento, entendí que en Sedona me había equivocado. Faltaba una de las sabias enseñanzas de aquellos
talismanes. El legado. Lo importante no era amasar una
gran fortuna ni recibir el aplauso de los demás. Todo estaba relacionado con la influencia y el impacto de nuestros
actos, con transformar el mundo en un lugar mejor. Gao
Ming lo entendía. Mi hermana Kira lo entendía. Mi padre
y mi madre lo entendían. Y sentado allí, ante el monumen-

to a la memoria de un amor, supe que le daría vueltas durante días, incluso años. ¿Cuál sería mi legado? ¿Qué diferencia marcaría con mi existencia?

—Bueno —concluyó Julian tras unos minutos en silencio—. ¿Tienes los talismanes?

—¡Oh! —exclamé—. Casi se me olvida.

Eso no era del todo cierto. La verdad era que me sentía curiosamente reticente a desprenderme de ellos.

Mientras me levantaba la camisa y, poco a poco, me desataba el cordón del que colgaba el saquito, Julian sonrió.

—Te sientes unido a ellos —dijo con amabilidad—. Has descubierto su poder.

—Bueno, no sé —respondí.

—Yo creo que sí. ¿Cómo te sientes? —preguntó Julian.

—Bien —respondí—. Sorprendentemente bien.

—¿Y la diferencia horaria? ¿No estás agotado? ¿Tienes energía a raudales?

—Sí —contesté con parsimonia—. ¿Crees que...?

—Si asimilas la sabiduría simbolizada por estos talismanes, si te comprometes con ella, puede cambiarte la vida. Como ya te había dicho, puede salvar vidas.

—Con respecto a eso —dije recordando la voz llorosa de mi madre hacía unas semanas—, ¿quién está en peligro? ¿Qué vida intentamos salvar con estos objetos?

Julian me miró y arqueó las cejas, pero no dijo nada. Permanecimos en silencio mientras yo descubría la verdadera respuesta.

—¡Venga ya! —exclamé y sentí que me ruborizaba—. Yo no estoy en peligro. Mi vida no necesita ser salvada.

Julian no dijo nada. Pero siguió mirándome como si estuviera esperando algo. Yo aún tenía los talismanes en la mano.

—Soy un tipo sano con un hijo genial, y, vale, mi matrimonio necesita que me esfuerce un poco, pero...

—Jonathan, sabes tan bien como yo que tu vida estaba en peligro. Tu madre se dio cuenta y estaba preocupadísima. Ya había perdido a tu padre y sentía que también estaba perdiéndote a ti. Veía que jamás ibas a encontrar la felicidad y la satisfacción que habían encontrado tu padre y ella si seguías por el camino que ibas. Trabajabas en un lugar que odiabas; habías saboteado tu matrimonio; y estabas perdiéndote la infancia de tu hijo.

—Entonces, ¿todo eso de los talismanes era una patraña? ¿No existe una cura mágica?

—La verdadera magia está en las notas, Jonathan, en esos mensajes y en tu diario. Los talismanes han sido la excusa para que tú prestases atención a todo eso. El viaje era la forma de darte tiempo para asimilar las lecciones que las cartas, y mis amigos, han compartido contigo. Jonathan, te has mostrado dispuesto a trabajar duro, a enfrentarte a tus miedos, a arriesgarte para salvar la vida de otra persona. Sin embargo, cuando iniciaste el camino, no estabas dispuesto a hacer todo eso para salvarte a ti mismo. Pero creo que ahora ya lo estás.

—Pero ¿y qué pasa con los guardianes? —pregunté—. ¿Saben ellos que estas cosas no tienen magia, ni aunque las tengas todas juntas?

Julian sonrió.

—En realidad, esa fue mi única mentirijilla, Jonathan. Reuní esos objetos después de hablar con tu madre hace unos meses, y luego los envié por correo a mis amigos. Entendieron lo que ocurría y se mostraron muy dispuestos a ayudar. Cada uno de ellos es sabio a su manera; para mí simbolizan todo el conocimiento que contiene cada una de esas cartas. He aprendido mucho de todos ellos, y quería que los conocieras y también aprendieras de sus vidas. Y esta era la única forma que se me ocurrió para conseguirlo. De otro modo, jamás habrías ido a visitarlos.

Me había gustado conocer a los amigos de Julian y debía confesar que me hubiera gustado pasar más tiempo con cada uno de ellos. Eso me hizo pensar en las personas con las que ya no podría pasar más tiempo: mi padre y Juan.

Julian me señaló un pequeño banco de piedra que teníamos delante. Cuando nos sentamos, me posó amablemente una mano en el hombro.

—Creo que ya tienes muchas cosas claras, aunque me da la sensación de que todavía hay algo que te preocupa —dijo con dulzura.

Había estado pensando en aquello durante tanto tiempo que me costaba mucho saber por dónde empezar. Así que empecé por el principio. Conté a Julian todo sobre el trabajo con Juan en el laboratorio, sobre mi decisión de dejarlo. Le conté cómo Sven y David habían intentado obligar a Juan a irse de la empresa, cómo yo no lo había defendido y ni siquiera le había ofrecido mi amistad ni mi comprensión. Luego le expliqué lo del accidente de coche.

—Un accidente —repitió Julian. Lo dijo con calma, pero había cierto tono interrogante en su voz.

Como no dije nada, prosiguió:

—Pero tienes tus dudas.

—Sí —dije por fin—. Juan sufrió un infarto. Hasta ahí estoy seguro. Pero ¿cuándo ocurrió? ¿Antes o después de chocar contra el guardarraíl?

Julian me miró con tristeza, como si supiera que la historia no había llegado al final.

Miré hacia las piedras que tenía ante mí, a la gran bóveda que estaba a lo lejos.

—Dos días antes de su fallecimiento —proseguí— pasé junto al despacho de Juan. Él salía por la puerta. Iba mirándose los pies, claramente ensimismado. Estuvo a punto de tropezar conmigo. Cuando me vio, no cambió la expresión de su cara. Habló como si en realidad no estuviera dirigiéndose a mí, como si hubiera seguido pensando pero en voz alta. «No tiene sentido seguir con todo esto», fue lo que dijo Juan. En ese momento, pensé que estaba hablando de dejar la empresa. Y, pese a lo mucho que me avergüenza admitirlo, me sentí aliviado. Al menos no tendría que ver su expresión alicaída todos los días. Así podría empezar a fingir que todo había acabado de la mejor forma posible. No dije nada a Juan y él siguió por el pasillo y pasó por delante de mí, mirando al suelo y caminando apesadumbrado. Pero después... las palabras de Juan me corroían como el ácido. ¿Fueron esas palabras un aviso del fatal accidente? ¿Estaba Juan decidido a terminar con su vida y no con su trabajo? ¿Y si yo lo hubiera detenido, y si hubiera hablado con él, o si le hubiera ofrecido mi amistad y mi comprensión, seguiría vivo a día de hoy?

Julian y yo permanecimos en silencio durante un instante. No se veían más que a un par de personas. La soledad del lugar resultaba surrealista después de haber estado en las ruidosas y abarrotadas calles de Nueva Delhi y Agra.

Mi primo juntó las manos y estiró las piernas hacia delante. Sus sandalias de piel marrón asomaron por debajo de su túnica carmesí.

—Jonathan, quisiera decir que lo que necesitamos todos es imaginarnos dentro de cinco años y predecir qué acciones presentes nos provocarán más arrepentimiento futuro. Si lo hiciéramos, consideraríamos los actos del presente en función de cuánto lo lamentaríamos de haberlos realizado. —Julian se acercó y posó una mano sobre la mía—. Creo que, a lo largo de este viaje, ya has iniciado ese proceso. Creo que el mañana va a ser bastante distinto a como habría sido de no haber realizado este periplo. Pero eso está en el futuro. De lo que hablas ahora es del pasado. Sabes tan bien como yo que nadie podrá responder jamás a esas preguntas. Y debes ser lo bastante valiente como para aceptarlo.

Hice una profunda inspiración. Albergaba la esperanza de que la respuesta de Julian hubiera sido diferente, aunque sabía que no lo sería.

—No puedes avanzar mientras sigas mirando atrás, Jonathan —sentenció Julian con firmeza—. Y no puedes hacer nada para cambiar el pasado.

—Pero tengo la sensación de que puedo hacer algo para compensar mi comportamiento, para demostrar lo mucho que lo siento.

—Puedes hacer dos cosas —afirmó Julian. Lo miré y por primera vez sentí algo de esperanza en lo relativo a aquel tema—. Son dos cosas que debes hacer. En primer lugar, debes asegurarte de que no vuelves a despreciar a un amigo de esa forma; que no permanecerás callado si eres testigo de una crueldad o del mal comportamiento de otros. —Asentí. Hacía meses que ya había tomado esa misma decisión—. En segundo lugar: tienes que perdonarte.

Julian se quedó mirándome con intensidad.

—¿Recuerdas el talismán de la grulla, Jonathan?

—Sí —respondí pensando con cariño en Ayame.

—¿Recuerdas lo que decía la carta sobre tratar a los demás con amabilidad y de tratarte a ti mismo de igual forma? Es importante que perdones a los demás. Es fundamental que te perdones a ti mismo.

Me pasé las manos por las piernas. Sabía que Julian tenía razón. Tal vez fuera la cosa más difícil que tendría que hacer jamás, pero tenía que dejar de flagelarme por lo ocurrido. Tenía que olvidarlo. Y seguir adelante.

—Y hablando de perdonar —dijo Julian. Se había levantado—. Hay alguien a quien le gustaría verte.

El sol se había ocultado por completo, y solo había dejado un leve destello en el horizonte. La luna brillaba con intensidad en el cielo y pendía de la bóveda celeste como una moneda dorada sobre un fondo líquido de terciopelo negro. Miré a mi alrededor. La luz se reflejaba en el agua de las fuentes, pero el jardín estaba oscuro y vacío. Entonces me percaté de una pequeña silueta a la entrada de una de las avenidas de piedra... se dirigía hacia mí. Miré a Julian, pero había desaparecido. Cuando me volví de nuevo, la luz de la luna iluminó la silueta de una mujer: menuda y esbelta, con el pelo largo y negro que le llegaba por debajo de los hombros. Estaba lo suficientemente cerca como para ver su sonrisa de oreja a oreja. ¡Annisha! El corazón me dio un vuelco y me levanté de un salto.

Entonces, a medida que me acercaba a ella, vi algo más. La diminuta figura de mi hijo apareció justo detrás de su madre. Adam agachó la cabeza y lanzó los brazos hacia delante justo cuando adelantó corriendo a Annisha. Me agaché con los brazos abiertos para recibirlo. Solo pude articular su nombre antes de que el llanto me quebrara la voz.

Annisha, Adam y yo nos quedamos tres días en Agra antes de volver a casa. El tiempo que pasamos juntos en la India fue lo más importante que he hecho jamás.

Julian me dijo que conservase los talismanes y las cartas.

—Tal vez algún día —dijo—, querrás entregar los talismanes a Adam y enseñarle todo lo que has aprendido de ellos.

Aquella idea me hizo sonreír.

Cuando regresé al trabajo tras mi larga ausencia, la empresa era un plantel de caras nuevas, además de haberse librado de

David y Sven. Pasé bastante tiempo hablando con varios directivos y con el nuevo director general. Muchísima gente, incluidos mis clientes, intentaron convencerme de que siguiera en el departamento comercial. Pero yo sabía dónde realizaría el mejor trabajo. Al final, todos estuvieron de acuerdo y, después de varios meses de trabajar como director técnico, me otorgaron el puesto de forma permanente.

Por supuesto que, antes de que se desarrollaran todos aquellos acontecimientos, me deshice de mi piso y volví a vivir con Annisha y Adam. Mi hijo emprendió de inmediato una campaña para conseguir que fuera segundo entrenador de su equipo de fútbol. Pareció sorprendido de lo pronto que accedí. Y Annisha y yo comenzamos la lenta y cuidadosa tarea de reconstruir nuestro matrimonio.

Una de las primeras cosas que hicimos fue instaurar una nueva tradición: una comida dominical al mes con mi madre, mi hermana y su familia, y los padres de Annisha. Y empezamos a planear las vacaciones de verano para el año siguiente.

—¿Adónde podríamos ir? —preguntó Annisha mientras se sentaba a consultar las guías de viaje que mi madre nos había dejado—. ¿A quién podríamos visitar?

—Empecemos por el principio —sugerí, pensando con cariño en mi nueva vida y mis nuevos amigos—. Vamos a Estambul.

Las cartas que acompañan a los talismanes

El poder de la autenticidad

El regalo más importante que podemos hacernos a nosotros mismos es el compromiso de vivir nuestra auténtica vida. Ser sinceros con nosotros mismos. No obstante, no es una tarea fácil. Debemos romper con aquello con lo que la sociedad intenta seducirnos y vivir la vida según nuestros principios, con nuestros propios valores y en consonancia con nuestros sueños primigenios. Debemos despertar a ese yo oculto; explorar los anhelos más profundos, más invisibles, las habilidades y debilidades que nos hacen ser quienes somos. Debemos entender dónde hemos estado y adónde vamos. Cada decisión que tomemos, cada paso que demos, debe estar investido de ese compromiso de vivir la vida siendo sinceros y coherentes con nuestro yo auténtico y solo con ese yo. Y, a medida que avancemos, tendremos la certeza de experimentar una fortuna que irá más allá de cualquier riqueza jamás imaginada.

Acoge tus miedos

Lo que nos retiene en la vida es la arquitectura invisible del miedo. Nos hace permanecer en nuestras zonas de bienestar, que son, en realidad, los lugares menos seguros en los que vivir. De hecho, el mayor riesgo en la vida es el de no correr riesgos. Sin embargo, cada vez que hacemos aquello que tememos, recuperamos la fuerza que nos ha robado el miedo, porque nuestra fuerza reside del otro lado de nuestros temores. No puede haber concesiones. Cada vez que asumimos el malestar que generan el crecimiento y la evolución, nos volvemos más libres. Cuantos más miedos afrontemos, más poder recuperaremos. De esta forma, nos volvemos no solo valientes, sino poderosos, y logramos vivir la vida de nuestros sueños.

Vive con amabilidad

Es importante recordar que, al igual que nuestras palabras son la expresión verbal de nuestros pensamientos, nuestras acciones son la manifestación de nuestras creencias. Ninguna acción, sin importar lo pequeña que sea, es insignificante. La forma en que tratamos a una sola persona define cómo tratamos a todo el mundo, incluidos nosotros mismos. Si no respetamos a los demás, no nos respetamos a nosotros mismos. Si somos desconfiados con los demás, somos desconfiados con nosotros mismos. Si somos crueles con los demás, seremos crueles con nosotros mismos. Si no podemos apreciar a quienes nos rodean, no nos apreciaremos a nosotros mismos. Con cada una de las personas que nos relacionamos, con todo lo que hacemos, debemos ser más amables de lo que se espera que seamos, más generosos de lo que se prevé, más positivos de lo que nosotros mismos creemos posible. Cada instante experimentado frente a otro ser humano es una oportunidad de expresar nuestros más elevados valores y de influir en alguien con nuestra humanidad. Podemos lograr que el mundo sea mejor, persona a persona.

Realiza pequeños progresos diarios

La manera en que hacemos las pequeñas cosas determina la manera en que hacemos todo. Si realizamos las tareas menores de modo correcto, también tendremos éxito en los esfuerzos más importantes. La maestría se convierte así en nuestra forma de ser. Pero más importante que esto es que cada pequeño esfuerzo sirve para realizar los siguientes, para que así, ladrillo a ladrillo, podamos construir verdaderas maravillas. Esto genera una gran confianza en uno mismo y se hacen realidad los sueños extraordinarios. Los verdaderos sabios reconocen que los pequeños progresos diarios siempre derivan en resultados excepcionales a largo plazo.

Vive lo mejor que puedas y trabaja de igual forma

No hay trabajos insignificantes en este mundo. Toda tarea es una oportunidad para expresar el talento personal, para crear una obra de arte y ser conscientes del genio que podemos llegar a ser. Debemos trabajar tal como pintaba Picasso: con devoción, pasión, energía y excelencia. Así, nuestra productividad no solo se convertirá en fuente de inspiración para los demás, sino que tendrá impacto, pues cambiará las vidas de quienes nos rodean. Uno de los mayores secretos para vivir la vida de forma hermosa es llevar a cabo trabajos importantes. Y hacerlo de un modo tan magistral que los demás no puedan dejar de fijarse en uno.

Escoge bien tus influencias

No vivimos el día a día solos ni al margen del mundo que nos rodea. Por ello debemos estar siempre atentos con las personas y las cosas a las que damos cabida en nuestra vida. Es señal de sabiduría el decidir pasar tiempo en aquellos lugares que nos inspiran y nos llenan de energía, y relacionarse con esas personas que elevan nuestro espíritu y nos animan. Tanto en nuestro trabajo como en nuestra vida personal, esos amigos y conocidos más positivos nos ayudarán a ser la mejor versión de nosotros mismos y a llevar una vida más trascendental.

Los placeres más simples de nuestra vida son nuestras mayores alegrías

La mayoría de las personas no descubren qué es más importante en la vida hasta que son demasiado mayores para actuar en consecuencia. Pasan gran parte de sus mejores años persiguiendo objetivos que al final importan poco. Aunque la sociedad nos invita a llenar nuestras vidas de objetos materiales, la mejor parte de nosotros sabe que los placeres más simples son los que nos enriquecen y nos llenan. No importa que nuestra situación sea difícil o acomodada, todos poseemos una gran riqueza de sencillas bendiciones a nuestro alrededor, a la espera de que la valoremos. Si lo hacemos, nuestra felicidad aumenta. Nuestra gratitud se propaga. Y cada día se convierte en un asombroso regalo.

El propósito de la vida es amar
Lo bien que vivas depende de cómo ames. El corazón es más sabio que la razón. Hónralo. Confía en él. Síguelo.

Lucha por algo superior a ti mismo
No hay personas vivas que estén de más en este mundo. Cada uno de nosotros está aquí por un motivo, por un propósito especial, para cumplir una misión. Sí, construye una vida hermosa para ti y para quienes amas. Sí, sé feliz y pásalo muy bien. Y sí, ten éxito. Siempre siguiendo tus principios y no tanto los que te sugiere la sociedad. Pero, sobre todas las cosas, sé importante. Haz que tu vida trascienda, sé útil. Y sé de utilidad al máximo número de personas. Es la forma en que cada uno de nosotros puede pasar del reino de lo común a las alturas de lo extraordinario. Y caminar entre las mejores personas que han existido jamás.